Rosmarie Lackner

LA POÉSIE INTIME DE VOLTAIRE

Le Temps coups les ailes de L'Amour

ALONZO
2006

Die Deutsche Bibliothek – CIP – Einheitsaufnahme

Die Deutsche Bibliothek verzeichnet diese Publikation in der Deutschen Nationalbibliografie; detaillierte bibliografische Daten sind im Internet über http://dnb.ddb.de erhältlich.

1. Auflage, 2006

Mail: Lallislallis@web.de

Postfach 102036
86150 AUGSBURG
Telefon: 0049 (0) 821-5083 - 445
Fax: 0049 (0) 821- 5083 - 909
e-mail: lallislallis@web.de
ISBN 3- 935491-03-4

A
ELEANOR LALLIS

Mémoire de Mâitrise

Université de Paris IV – Sorbonne

TABLE DES MATIÈRES

1. INTRODUCTION

Voltaire poète ? !

Dans *Le Neveu de Rameau* Denis Diderot, contemporain de Voltaire, nous donne la réponse : « Un poète, c'est de Voltaire, et puis qui encore ? de Voltaire ; et le troisième, de Voltaire ; et le quatrième, de Voltaire. »[1]

Les critiques ont, au fil des derniers siècles, pour la plupart localisé l'auteur illuministe dans le domaine de la prose. Ce sont surtout ses contes ou ses pensées philosophiques qui ont intéressé les littéraires. Par rapport aux autres sujets recherchés, il existe peu de littérature secondaire sur Voltaire poète et encore moins sur sa poésie intime. J´aimerais, avec ce mémoire, me mettre dans la file de la « nouvelle » tradition des analyses du poète des Lumières et souligner l'importance primordiale de la poésie pour Voltaire. C'est surtout celle-ci qui l'a rendu célèbre.

Une première lecture des poèmes de Voltaire montre que les termes de la temporalité font apparemment partie d'une thématique voltairienne qui se répète périodiquement.

Il est question des notions du temps, comme de la temporalité, des espaces de temps, des époques et, au sens métaphorique, des moments comme *le crépuscule* ou *l'aurore* qui désignent certains intervalles de temps.

En suivant cette trace, il est évident que Voltaire s'occupe constamment des périodes de vie et des âges en rapport avec l'amour qui renvoient à la temporalité.

Si l'on travaille sur la temporalité dans les poèmes intimes de Voltaire, on se retrouve, sans doute, devant la même problématique que Saint-Augustin en environ 400 p.C. qui, dans son œuvre *Les Confessions*, s'exprime de la manière suivante :

---

[1] Diderot, *Le Neuveu de Rameau*, éd. établie, présentée et annotée par Pierre Chartier, Paris, Librairie Générale Française, 2002, p. 158.

> « Qu'est-ce donc que le temps ? Qui en saurait donner facilement une brève explication ? Qui pourrait le saisir, ne serait-ce qu'en pensée, pour en dire un mot ? Et pourtant quelle évocation plus familière et plus classique dans la conversation que celle du temps ? Nous le comprenons bien quand nous en parlons ; nous le comprenons aussi, en entendant autrui en parler. Qu'est-ce donc que le temps ? Si personne ne me le demande, je le sais. Si quelqu'un pose la question et que je veuille l'expliquer, je ne sais plus. »[2]

Sans donner une description détaillée des contextes augustiniens, il convient de voir dans cette remarque, plutôt aphoristique, de Saint-Augustin uniquement un emprunt. Avec la citation du père de l'Eglise qui est, si l'on veut, en quelque sorte également le « père de la temporalité », je veux simplement renvoyer à une problématique de base ; en tenant compte, bien sûr, que commencer un travail sur Voltaire déiste en citant Saint-Augustin est une méthode paradoxale, mais d'autre part, les contradictions nous rappellent Voltaire. On se permet donc de le faire...

Dans un cadre plus restreint, les questions que je me pose sont « Comment Voltaire se pose-t-il la question du temps ? » et « Comment y répond-il ? ». C'est, en termes plus précis, se poser la question de savoir avec quelles limitations le poète opère quand il cite des espaces de temps ou des intervalles comme la jeunesse et la vieillesse. Car des limitations et des mises en parenthèses de ce genre sont toujours liées à un classement de qualité.

Il fallait, dans un premier lieu, créer une sorte d'arrière-plan pour pouvoir expliquer comment et pourquoi la vie, l'entourage et la conception poétologique du poète ont influencé son œuvre poétique. Ensuite il fallait dégager l'idéal féminin des poésies intimes, toujours lié à la jeunesse et donc au temps. Dans les deux chapitres suivants, qui constituent les plus importants dans ce travail, je comparerai l'amour de Voltaire poète à l'amitié, deux « vertus » fort liées au temps et aux âges, pour pouvoir enfin

---

[2] Saint Augustin, *Les Confessions*, éd. publiée s.l.d. de Lucien Jerphagnon, Lonrai, Gallimard, « Bibliothèque de la Pléiade », 1998, chap. XI.17, pp. 1040/41.

parler des moments fugitifs et de la négation de l'éternité dans l'œuvre poétique de Voltaire.

De fait, Voltaire révèle, et ceci constitue la thèse fondamentale de ce mémoire, que les classements de temps sont apparemment l'expression de son expérience de la vie et de sa vision du monde. Cela mériterait d'être discuté, ainsi que la question de savoir si ses poèmes sont l'expression de son monde de vie ou bien si sa vie a infuencé sa poésie.

Ces deux faits portent avec eux des implications.

J´ai entrepris d'analyser la poésie affectueuse de Voltaire et c'est de la vie du poète que j´ai décidé de partir. Du point de vue structurel, il est problématique de confondre l'œuvre du poète avec l'homme Voltaire, car cela requiert deux méthodes différentes pour dégager deux niveaux de recherche également importants.

Dans le cadre de la première méthode, il faudrait montrer la vie de Voltaire comme un ensemble congruent avec sa poésie intime. En d'autres termes, il faudrait examiner l'existence de matériaux sur ce sujet ou de notes de Voltaire lui-même s'exprimant sur ce point. Une autre possibilité serait l'interprétation de quelques faits de la vie de Voltaire sur le plan psychologique pour mettre en évidence l'influence de la vie du poète sur sa poésie. Dans ce cas on imposerait des mesures externes à la poésie.

Le deuxième champs d'investigation devrait se donner plutôt à l'analyse du texte et resterait fidèle à l'esprit du texte lui-même.

Il est donc important de distinguer l'interprétation du poète et les mentions qu'il fait lui-même. Car ces deux niveaux mentionnés que l'on retrouve souvent dans la littérature ne doivent pas être vus comme des sujets concurrents mais plutôt comme diverses méthodes et chemins de recherche. Ils ne sont pas à considérer comme une relation de cause à effet, mais comme une juxtaposition, une description de deux chemins parallèles.

J´ai opté d'attirer en premier lieu l'attention sur le texte lui-même et ses structures internes, tout en tenant compte de l'influence de certains faits de la vie de Voltaire.

2. LA POÉSIE ET LES FEMMES DANS LA VIE DE VOLTAIRE

Chapitre introductif

Dans ce chapitre introductif il sera question de deux grands thèmes. Puisque ce travail est consacré à la poésie personnelle de Voltaire, en grande partie à celle qu'il a rédigée pour des femmes, on dégagera d'abord le rôle de la poésie dans la vie du poète. Dans quelles circonstances a-t-il appris à versifier, et quelle est sa vision de la poésie ?

Après cela, en deuxième lieu, on cherchera à donner une image de la vie libertine de Voltaire. Quel rôle jouent les femmes dans sa vie, et quelles sont les femmes les plus importantes pour sa vie affective ?

On commencera donc par le rôle de la poésie pour Voltaire et par sa vision poétologique.

2.1. La formation et l'esthétique littéraires de Voltaire dans le cadre du XVIIIème siécle

François Marie Arouet, dit Voltaire, qui naît à Paris le 22 novembre 1694, apprend, sous l'influence de son parrain fort libertin Chateauneuf, à versifier. « Au sortir du berceau j'ai bégayé des vers »[3], reconnaît Voltaire. En effet, ce parrain lui faisait réciter les Fables de La Fontaine et la *Moïsade,* un poème agnostique. Et c'est aussi le même qui le présente à une grande femme érudite, Ninon de Lenclos. Cette courtisane, à sa mort, lui lègue une petite somme d'argent pour qu'il puisse s'acheter des livres. Arouet, étant d'esprit et de corps vivants, apprend par son parrain à détester les fanatiques ; les Jansénistes, il les méprise déjà, car son frère aîné en fait partie. Arouet, lui, est formé par les Jésuites.

En 1719, à l'âge de 25 ans, il se rebaptise et prend le nom de Voltaire.

[3] Voltaire, « Epître à une dame », 1732, M, X, 274-276.

Il tente deux fois, malgré lui, les études de droit, en 1711 et de nouveau en 1714. Mais au lieu de continuer à faire ce plaisir à son père, il préfère la familiarité du Temple et des Libertins. Grâce à Chateauneuf et son esprit charmant, il connaît vite les grands seigneurs et mène une vie près de la débauche de la cour, en connaissance du poète Chaulieu, du prince de Conti, du duc de Vendôme et de nombreuses autres personnes aristocrates et connues.

Malgré ou à cause de ses connaissances avec les plus nobles personnages, il est souvent puni pour ses vers méchants. Ce n´est donc pas rare qu'il vient embastillé ou exilé. Il entreprend alors de nombreux voyages qui lui forment un esprit davantage ouvert.

Tout cela a comme conséquence que Voltaire représente fortement le XVIIIème siècle. André Maurois commente ce fait de la manière suivante:

> En un siècle de bourgeoisie critique, il est un bourgeois critique ; en un siècle de querelles religieuses, il est à la fois très instruit des disputes théologiques, curieux de leurs objets et antireligieux ; en un siècle de classicisme, il est un classique, héritier des disciplines du règne précédent ; en un siècle de science naissante, il est, non un savant mais un amateur cultivé et un vulgarisateur [4].

Il devient un des plus grands et célèbres poètes de son temps. Ce n´est que ses vingt dernières années qu'il devient célèbre comme prosateur. « [A]u début de sa carrière, la poésie est pour Voltaire l'essentiel de la littérature »[5]. Par contre, les critiques l'ont, au fur et à mesure, jeté au bas de son piédestal et ses vers ont trouvé refuge dans sa prose. C'est ainsi que le grand rhétorique, souvent puni pour ses vers décriés, est devenu dans la réception un « antipoète », comme il est appelé par

---

[4] André Maurois, art. « Voltaire », in Georges Grente dir., *Dictionnaire des Lettres Françaises. Le XVIIIe siècle*, II, éd. revue et mise à jour par François Moureau, Paris, Fayard, 1960, p. 641.
[5] Sylvain Menant, *L´esthétique de Voltaire*, Paris, Sédes, 1995, pp. 20/21.

Baudelaire[6]. Souvent il transcrit des considérations scientifiques nouvelles dans la rhétorique traditionnelle afin de ne pas les désigner crûment dans ses termes techniques, ce qu'on pourrait appeler un débordement du métier versificateur, car ce qu'il y a de neuf à dire est, en effet, intraduisible dans le langage dont dispose la poésie[7]. Gwenaëlle Boucher appelle ce « didactisme scientifique en poésie » de Voltaire, le philosophe du progrès, « écartèlement poético-philosophique »[8]. Mais c'est surtout sa sensibilité qui se manifeste dans ses vers. Effectif et affectif, Voltaire n´est pas le « cœur sec » et « l'esprit froid » que la tradition critique a voulu décrire, bien qu'il manque cette rêverie suggestive et lyrique de notre poésie moderne, qui, « à force de désirer et espérer une présence, n´étreint trop souvent que le vide et l'absence »[9].

Bien que pour faire une carrière littéraire, il soit commun au XVIIIème siècle d'user de la dramaturgie, donc des vers, mais au reste de la critiquer pour son artificialité et son éloignement du langage courant, Voltaire défendra toute sa vie le genre de la poésie à cause de sa force rhétorique. Pour lui, « il n´y a jamais eu d'homme véritablement éloquent qui n´ait pas aimé la poésie »[10]. Voltaire, lui-même professeur éloquent de poétique et de rhétorique, était considéré « de son vivant comme un classique, dont certaines œuvres (poétiques et historiques) méritaient d'être lues au collège comme modèle»[11].

Un élément important pour la production poétique est le caractère artisanal de la poésie dont les règles s'apprennent minutieusement à l'école. Au XVIIIème siècle, l'enseignement du collège réunit des élèves masculins entre 6 et 25 ans. La Compagnie de Jésus, créée au XVIème

---

[6]Cf. Gwenaëlle Boucher, « Voltaire l´antipoète ? », in *SVEC*, éd. s.l.d. d´Anthony Strugnell, Oxford, Voltaire Foundation, 2003:01, p. 419.
[7] Edouard Guitton, « Le jeu au XVIIIe siècle », in *Le jeu au XVIIIe siècle*, éd. par C.Y. Chaudoreille, Aix-en-Provence, EDISUD, 1976, p. 229.
[8] G. Boucher, « Voltaire l´antipoète », op. cit., p. 423.
[9] Ibid., p. 425.
[10] Voltaire cité par Raymond Trousson, « Poète et poésie selon Voltaire », in *Die Neueren Sprachen 12*, éd. s.l.d. de Horst Oppel e.a., Frankfurt a.M./ Berlin / Bonn, Verlag Moritz Diesterweg, 1963, p. 544.
[11] S. Menant, *L´esthétique de Voltaire*, op. cit., p. 15.

siècle, se spécialise dans le domaine de l'éducation, et reprend la tradition des études littéraires humanistes, dont la formation littéraire est assez complète. Les élèves y apprennent le latin, la mythologie, ils font des cours littéraires, jouent du théâtre pour apprendre à causer, à se mettre en scène, à se tenir, ils reçoivent une double formation méthodique de rhétorique : l'art oratoire et l'art poétique. Le but des professeurs est de « faire comprendre le système de la versification française à partir de la métrique latine et grecque que connaissent déjà les élèves »[12]. Sylvain Menant résume :

> Une bonne compréhension des ressources de la rhétorique ; une connaissance solide de la mythologie déjà axée sur son utilisation symbolique ou métaphorique ; une culture poétique profonde, alimentée par la fréquentation de Virgile et d'Horace ; des notions claires et pratiques sur la versification française. Voilà en résumé ce qu'apportait le collège, avec quelques exercices, à tous les jeunes gens que formaient les jésuites et, dans beaucoup de cas, d'autres maîtres [13].

Et c'est dans cette tradition que Voltaire a été élevé dans le collège parisien Louis-le-Grand, marqué par l'esprit baroque[14].

L'idée que le XVIIIème siècle n'est pas poète est beaucoup répandue, mais ce préjugé contre la poésie du siècle des Lumières repose sur l'ignorance. « Au XVIIIe siècle plus que jamais la poésie s'est posée le problème de ses origines, de sa substance et de sa fin. »[15] Les historiens parlent d'une crise de la poésie française dans la première moitié du siècle, mais c'est difficile à croire qu'au XVIIIème siècle un des plus grands genres disparaisse pour cent ans. C'est plutôt le contraire : « a very large number

---

[12] S. Menant, *La chute d'Icare. La Crise de la Poésie française, 1700-1750*, Genève / Paris, Droz, 1981, p. 32.

[13] Ibid., p. 33.

[14] c'est à dire par la contagion de l'émotion : surprendre dans des petits récits, amuser en frappant l'imagination du lecteur, souligner les contrastes et symétries, faire allusion à l'actualité, à des références culturelles etc..

[15] E. Guitton, op. cit., p. 215.

of people [...] cared strongly about poetry »[16] et la poésie était un des genres les plus vendus par les libraires et les journalistes. C'est seulement que souvent les textes circulaient sous forme de copies manuscrites ou dans les périodiques bien avant d'être imprimés.

Comme nous pouvons alors constater, « tous les écrivains du temps ont produit des poèmes « fugitifs » »[17]. On appelle pièces fugitives « any group of disparate, and usually shorter, poems »[18], qui ont comme volonté la simplicité et le naturel. Ce sont donc des poésies de style parlé et « de faible ampleur, [qui] naissent d'une circonstance et en gardent le caractère fugitif, elles s'inscrivent dans le cadre des relations sociales et amicales, enfin, elles échappent à [la plume de] leur auteur pour être recueillies par des amateurs »[19] curieux. Le cardinal Du Bernis s'exprime de la manière suivante sur cette « poésie du plaisir » :

> L'exactitude est inutile
> Aux vers qu'enfante le loisir.
> L'ouvrage a toujours l'air facile
> Quand le travail est un plaisir [20].

Voltaire, ayant appris la poésie de circonstance dans le collège, estime ces vers de société comme « bons que [...] pour les seuls moments où ils ont été faits »[21]. Mais en 1740 il publie même un recueil de *pièces fugitives en vers et en prose* . D'Alembert, par contre, s'exprime dans son « Discours préliminaire » : « Ses [i. e. de Voltaire] pièces fugitives supérieures à toutes celles que nous estimons le plus, suffiraient par leur nombre et par leur mérite pour immortaliser plusieurs écrivains »[22]. Le

---

[16] Robert Finch, *The sixth sense. Individualism in French Poetry, 1686-1760*, Toronto, University of Toronto Press, 1966, p. 3.
[17] S. Menant, *La chute d'Icare*, op. cit., p. 217.
[18] R. Finch, op. cit., p. 175.
[19] Nicole Masson, *La poésie fugitive au XVIIIème siècle*, Paris, Champion, 2002, p. 32.
[20] Cardinal Du Bernis cité par Helmut Hatzfeld, « L'esprit rococo dans la poésie du dix-huitième siècle », in *Mélanges à la mémoire de Franco Simone*, II, s.l.d. de Lionello Sozzi et Louis Terreaux, Genève, Slatkine, 1981, p. 395.
[21] D 4867.
[22] d'Alembert cité par S. Menant, *La chute d'Icare*, op. cit., pp. 218/19.

verbe « immortaliser » mis en relation avec « fugitif » montre cette antithèse que nous avons pu constater chez Voltaire quand il receuille des pièces fugitives. Sylvain Menant affirme :

> « Fugitives » n´a donc pas d'autre sens qu' « échappées à l'auteur ». Les « pièces fugitives » s'opposent simplement à celles que l'auteur rassemble lui-même dans un recueil organisé, ou aux grandes œuvres, fruits d'un dessein médité de publication. Elles peuvent être en prose ou en vers [23].

Et il poursuit :

> Plutôt que pour une morale sociale, les poésies fugitives s'enflamment pour des miracles sociaux : elles cherchent à faire partager des moments exceptionnels où les difficultés de la vie en commun, celles même de la condition humaine sont transfigurées [24].

Selon Nicole Masson, la poésie fugitive échappe aux règles strictes et rend librement compte « d'un mode de vie, d'une conception philosophique moderne de l'expérience individuelle »[25]. Ainsi, « [l]e plus souvent, quelques vers [de Voltaire] évoquent et commentent un mouvement de la vie du poète ou d'un proche, une rencontre, la figure d'un ami ou d'un ennemi »[26].

La pratique des pièces fugitives se retrouve aussi dans la poésie de salon. L'omniprésence de la poésie se manifeste dans les vers de circonstance : toute personne versifie à toute occasion, souvent même en forme collective, c'est-à-dire avec des auteurs multiples. Cette poésie de société, que l'on peut considérer comme « une continuation de la

---

[23] S. Menant, *La chute d´Icare*, op. cit., p. 219.
[24] Ibid., p. 251.
[25] Nicole Masson, *Les petits poèmes de jeunesse de Voltaire (1711-1733) : Etude littéraire et édition critique*, thèse universitaire, Université de Paris IV (Sorbonne), 1987, pp. 50-51.
[26] S. Menant, art. « Poésie », in *Dictionnaire Voltaire*, s.l.d. de Raymond Trousson e.a., Bruxelles / Paris, Hachette, 1994, p. 169.

conversation »[27], a une grande valeur, bien qu'elle semble un rien : elle caractérise bien la vie et les préférences d'un auteur. Mais il n´est pas rare que celui-ci ne soit pas révélé, afin que cette certitude ne puisse pas nuire à son image. La grande variation de poésie de salon échappe, en effet, à toute catégorie, elle est surtout faite pour divertir et vise à des vers courts. Le public est souvent féminin et donc pas muni d'une éducation formelle très développée. Catriona Seth différencie les vers de circonstance des poèmes qu'elle considère comme plus nobles. Ces derniers sont attribués à un seul auteur qui ne laisse pas participer le public présent à la versification. L'esthétique de salon amène à une « uniformisation de goût »[28]. On y « loue l'auteur quoi qu'on pense de son poème »[29] et cette ambiance aide à créer des réputations. Helmut Hatzfeld caractérise l'art rococo de la poésie fugitive : « gracieux, fin, spirituel, idyllique, aristocratique, gai, mondain, gentil, galant, élégant, badin, brillant, ironique, taquin, malicieux [...], frivole [...], superficiellement érotique et voluptueux, idolâtre du luxe et de la mode »[30] et dénombre les genres dans lesquels il s'exprime : épître, madrigal, chanson, couplet, bouquet, sonnet, épigramme, épitaphe satirique, poème de circonstance[31].

La mention de la poésie de salon nous renvoie à parler de l'esthétique rococo. Voltaire, dans le *Temple du goût*, définit ainsi le rococo : « [...] avec grâce on allie / Le vrai savoir à l'enjouement / Et la justesse à la saillie » et encore dans *Le Mondain* : « [...] le luxe, et même la mollesse / Tous les

---

[27] Catriona Seth, « La poésie de salon ou l´impossible œuvre complète », in *Vies des salons et activités littéraires, de Marguerite de Valois à Mme de Staël.* Actes du colloque international de Nancy (6-8 octobre 1999), recueillis et publiés par Roger Marchal, Nancy, Presses Universitaires de Nancy, 2001, p. 293.

[28] C. Seth, op. cit., p. 299.

[29] Ibid., p. 300.

[30] H. Hatzfeld, op. cit., p. 395.

[31] Les formes poétiques peuvent êtres anciennes (épopée, ode, épître, satire, élégie), modernes (cantate, stances) ou légères (conte, églogue, idylle, fable, sonnet) ; il existe la poésie fugitive (épigramme, madrigal, impromptu, inscription, portrait, épitaphe, chanson), didactique (c´est à dire religieuse, scientifique ou philosophique), dramatique (tragédie / comédie en vers, tragédie lyrique, pastorale dramatique, oratorio, vaudeville) ou éloquente (discours en vers). (Cf. Michel Delon / Pierre Malandain, *Littérature française du XVIIIe siècle*, Paris, Presses Universitaires de France, 1996, p. 57).

plaisirs, les arts de tout espèce, / La propreté, le goût, les ornements »[32]. L'exemple du joueur d'échecs donne l' « image vivante de la perfection intellectuelle vantée par le siècle des Lumières » pour sa « prévoyance, force, ruse et adresse, non sans un art de la feinte, justesse d'esprit, rapidité du coup d'œil, maîtrise de soi en toute circonstance »[33]. Très rococo sont la facilité, le compliment bien stylisé, la galanterie, les scènes pastorales, le charme, l'élégance, l'humour, la paix, le maniérisme, le masque, la nature comme cadre pour le plaisir voluptueux, l'inconstance et le concept hédoniste et superficiel de l'amour, la considération de l'infidélité comme événement naturel, la réduction et l'usage artificiel de la mythologie à force d'une ironie critique ou même d'une apothéose. L'image de la femme légère, sensuelle, coquette, mais spirituelle et tendre est autant répandue que l'image de l'amour comme l'essentiel – « this feeling of being in love with love itself »[34], un amour, physique, réduit au plaisir érotique, et « a total abolition of even potentially reciprocal relationships »[35]. L'amour est donc vu essentiellement comme passager et transitoire, caractérisé par une certaine indifférence.

L'esprit rococo ne reprend pas le refus du luxe d'Horace, mais son « carpe diem ». On visualise donc le plaisirs luxueux, c'est-à-dire de consommation : les plaisirs de la table, les boissons de luxe, souvent exotiques, les objets d'art, la décoration, les meubles, les animaux, le jeu, étant tous des plaisirs substitutifs[36].

Robert Finch classe la poésie du siècle des Lumières en trois courants. Le premier courant, qu'il appelle « academic poetry », suit strictement les règles et la tradition et met l'accent sur la rhétorique. Son « leading exponent » est Voltaire. Le deuxième courant, le « individualist poetry », plutôt lyrique, met « feeling before rules, qualities before forms,

---

[32] Voltaire, « Le Mondain », cité par H. Hatzfeld, op. cit., p. 395.
[33] E. Guitton, op. cit., pp. 220/21.
[34] Patrick Brady, « French Rococo Poetry », in *Studi Francesi 23*, s.l.d. de Sergio Poli, Torino, Rosenberg & Sellier, 1979, p. 228.
[35] Ibid., p. 236.
[36] Ibid., p. 229.

pleasure before profit, and individuality before hierarchy »[37]. Comme œuvre exemplaire il cite « Le Génie » de Charles Perrault. Et il conclut avec un troisième courant qu'il appelle pré-romantique ou didactique. Ces courants se superposent ou se mêlent.

La grande quantité de poésie au XVIIIème siècle se montre aussi dans les différents genres poétiques utilisés pour exprimer des sujets divers. Il existe la poésie religieuse, dont Louis Racine et Jean-Baptiste Rousseau sont les représentants les plus connus, les poèmes alchimistes, connus entre autre par Nerval, la poésie contenant des sujets scientifiques et philosophiques, bien visible si l'on regarde l'ode de Malfilâtre sur *Le soleil fixe au milieu des planètes*. Béatrice Didier[38] en cite encore d'autres, par exemple les poésies polémiques où se manifestent des rivalités d'idées : elle mentionne la poésie de Gilbert contre les Encyclopédistes ; ou bien la poésie descriptive qui a comme but de s'exprimer de manière romantique (cf. Lebrun qui, dans son poème *La nature*, décrit le bonheur du philosophe dans la campagne ; non rares sont aussi les poèmes didactiques ; à ne pas oublier la poésie érotique, qui surgit parallèlement au roman érotique, par exemple *Narcisse* de Malfilâtre ou *L'Art d'aimer* de Gentil-Bernard.

A quoi sert donc la poésie ? La poésie « consiste à dire les choses autrement qu'en prose, avec un éclat et des images qui suffisent à la distinguer »[39]. Porteuse d'idées, la poésie a souvent un rôle didactique : faire apprendre des vérités neuves et touchantes. Elle est « l'ornement de la raison »[40], dit Voltaire.

Pour situer exactement la poésie dans la gradation des qualités littéraires, comme le faisaient déjà les Anciens, on peut dire qu'elle se diffère de la prose en disant de manière singulière les choses communes que tous les hommes pensent et sentent, mais : « Tout vers qui n´a pas la

---

[37] R. Finch, op. cit., p. 4.
[38] Béatrice Didier, *Le siècle des Lumières*, Paris, MA Editions, 1987, art. « Poésie », pp. 310-313.
[39] R. Trousson, op. cit., p. 544.
[40] Voltaire cité par R. Trousson, op. cit., p. 549.

netteté et la précision de la prose la plus exacte ne vaut rien »[41], selon Voltaire.

Contrairement à l'opinion répandue au XVIIIème siècle, que la rime gêne la création poétique, Voltaire considère la poésie comme supérieure à la prose justement à cause de sa rime, son rythme, sa cadence, sa mélodie, la hardiesse de ses figures.

> Je dis qu'un vers, pour être bon, doit être semblable à l'or, en avoir le poids, le titre et le son : le poids, c'est la pensée ; le titre, c'est la pureté élégante du style ; le son, c'est l'harmonie. Si l'une de ces trois qualités manque, le vers ne vaut rien [42],

dit le « prêtre de la poésie ». La supériorité de la poésie se retrouve aussi dans la difficulté des versificateurs de trouver l'expression juste qui précise leurs idées. Elle ne doit être ni trop triviale, ni trop recherchée. A ce propos, le « véritable prêtre de la poésie »[43] écrit, dans une lettre écrite en 1769 à son ami et « collègue » Saint-Lambert, : « Ecrit en prose qui veut, mais en vers qui peut. Il est plus difficile de faire cent beaux vers que d'écrire toute l'histoire de France. »[44] Mais, il ne faut tout de même pas confondre le lyrisme avec la tragédie en vers. Cela explique aussi pourquoi Voltaire n´a pas négligé la prose. « Voltaire, comme Montesquieu, estime beaucoup plus la tragédie que le lyrisme »[45], résume Raymond Naves. Et encore : « Un mérite de la poésie, dont bien des gens ne se doutent pas, c'est qu'elle dit plus que la prose et en moins de paroles que la prose. »[46] La primauté des vers de théâtre est une conséquence de la conception formelle que Voltaire a de la poésie[47].

L'idée que dans un siècle rationaliste la poésie et la philosophie ne s'accordent pas bien apparaît souvent. Selon Voltaire, la poésie est une

---

[41] Voltaire cité par R. Trousson, op. cit., p. 545.
[42] Voltaire, art. « Vers et poésie », cité par Raymond Naves, *Le goût de Voltaire*, Genève, Slatkine, 1967, p. 242.
[43] R. Naves, op. cit., p. 241.
[44] Voltaire cité par R. Naves, op. cit., p. 239.
[45] R. Naves, op. cit., p. 239.
[46] Ibid., p. 240.
[47] Cf. S. Menant, art. « Conception de la Poésie », in *Inventaire Voltaire*, s.l.d. de Jean Goulemot e.a., Paris, Gallimard, 1995, p. 1065.

des manifestations naturelles de l'esprit humain, voulant s'exprimer en termes de beauté, résume Raymond Trousson[48]. Elle « est au-dessus du naturel, elle n´est pas encore grandiose [...] ; la poésie en elle-même n´est qu'harmonie, et elle séduit l'âme plus qu'elle ne l'ébranle »[49]. Certes, elle doit convaincre avec son éloquence, mais aussi contenir des pensées philosophiques. Elle représente le langage de la vérité. Il s'agit d'un compromis entre la passion et la raison, l'inspiration et le travail. L'ambivalence de Voltaire consiste en son vœu d'une part d'une poésie d'image et de sentiment sans raison et d'autre part de pensée claire et pure en éloquence et rhétorique. Il se montre contradictoire en disant : « Je préférerai toujours les choses aux mots, et la pensée à la rime »[50]. En résumé, la poésie est, du point de vue rationnel, avant tout affaire de langue et de construction, et la distinction entre prose et poésie est surtout formelle. Le poète, guidé par l'inspiration, crée en résultat d'un effort de la raison, la poésie avec ses contraintes formelles, sa rime, l'inversion et les mots nobles. Mais tout de même elle vient du sentiment du poète créateur qui, en cela, est comparable à Dieu. Dans son *Essai sur la poésie épique*, Voltaire montre que la poésie fait appel au sentiment et au goût, qui est d'une part national, de l'autre part lié à des principes éternels universels. Voltaire est souvent « le lieu de ce débat entre le cœur et la raison qui partagea aussi l'âme de tant de ses contemporains »[51]. Sylvain Menant explique :

> A la prose d'allure savante et sérieuse, où le moi doit s'effacer, Voltaire oppose la liberté des vers : c'est là que l'écrivain peut se montrer comme il est, avec ses savoirs bigarrés, ses expériences diverses, ses humeurs et ses préférences, non son histoire tout à fait, car la pudeur oblige, mais toujours la discrète

---

[48] R. Trousson, op. cit., p. 544.
[49] R. Naves, op. cit., p. 242.
[50] Voltaire cité par R. Trousson, op. cit., p. 551.
[51] R. Trousson, op. cit., p. 554.

confidence des passions de son cœur et de sa raison [52].

Voltaire est pessimiste envers la littérature de son temps, il est d'avis que la prose envahit la littérature. Mais, ayant des préjugés du vers pour préserver la poésie française de la décadence littéraire, il défend la rime qui est, comme on peut constater dans son épître *A Horace* , « nécessaire à nos jargons nouveaux »[53]. Tous les grands écrivains de l'Antiquité étaient, selon Voltaire, poètes. Il est persuadé que le bon temps reviendra. Mais pour soutenir cela, il faut éviter les néologismes et affaiblir la langue poétique, en créant ainsi un certain classicisme libéral, si l'on veut dire.

> Pour Voltaire, le ´retour à l'antique` était un moyen, non de contester les principes de l'esthétique classique, mais de combattre les abus d'un formalisme stérile qui étouffait le génie, de revivifier le sens de la poésie émoussé par l'étroitesse de goût des esprits géomètres, d'autoriser aussi la mobilisation de l'art dans son combat idéologique .[54]

Contradictoirement, pour Voltaire, « la poésie est l'éloquence harmonieuse »[55], elle est associée à l'esprit et à l'âme à la fois. « La poésie est la musique de l'âme, et surtout des âmes grandes et sensibles », écrit-il dans l'article « Poètes » des *Questions sur l'Encyclopédie*. Mais, tout de même, les règles embarrassent les grands génies et sont secondaires pour ceux qui manquent de talent.

> A l'exacte et froide oraison
> D'un puriste d'académie.
> Jardins plantés en symétrie,
> Arbres nains tirés au cordeau,
> Celui qui vous mit au niveau
> En vain s'applaudit, se récrie,
> En voyant ce petit morceau:

---

[52] S. Menant, art. « Conception de la Poésie », in *Inventaire Voltaire*, op. cit., p. 1067.
[53] Voltaire cité par G. Boucher, « Les contretemps poétiques de Voltaire », in *Studi Francesi 46*, janvier-avril 2002, p. 110.
[54] Michèle Mat-Hasquin, *Voltaire et l´antiquité grecque*, Oxford, Voltaire Foundation, 1981, p. 126.
[55] Voltaire, « Lettres philosophiques », LVI, 1734, M, XXII, 109.

Jardins, il faut que je vous fuie;
Trop d'art me révolte et m'ennuie.
J'aime mieux ces vastes forêts:
La nature, libre et hardie,
Irrégulière dans ses traits,
S'accorde avec ma fantaisie.
Mais dans ce discours familier
En vain je crois étudier
Cette nature simple et belle;
Je me sens plus irrégulier
Et beaucoup moins aimable qu'elle.[56]

Il préfère les « vastes forêts » et la nature libre, hardie et irrégulière. Contrairement à ce que nous avons dit auparavant, que Voltaire en puriste appauvrit la langue afin de conserver le noble langage poétique classique, nous devons mentionner aussi qu'avec ces vers, en revanche, il exige l'innovation et la liberté. Du point de vue de la métrique, il exige le renouvellement des rimes avec des termes techniques, exotiques ou contemporains. D'une part, il se croit l'auteur qui a écrit le plus grand nombre de vers blancs français au XVIIIème siècle, d'autre part il montre l'irrécevabilité des vers blancs dans la poésie française avec ses arguments habituels, que la poésie, au contraire de la prose, doit contenir la rime et que tout dépend du génie, de la virtuosité du vrai poète qui se diffère de l'impuissance paresseuse du « faux » poète.

> Voltaire tente de transposer ses intuitions philosophiques en poésie et notamment dans le domaine des images. [...] Ainsi, Voltaire s'est montré tout à fait capable de faire preuve d'innovations dans le domaine poétique. Mais peut-être n'a-t-il pas tout simplement osé mettre en pratique ses idées, craignant les flammes de l'enthousiasme poétique tout au tant que les feux des bûchers fanatiques. La vraie « faute » de Voltaire aurait-elle été de considérer que la poétique pouvant tenir lieu de poésie ? [57],

---

[56] Voltaire, « Epître au prince royal de Prusse », 1738, M, X, 306-308.
[57] G. Boucher, « Les contretemps poétiques de Voltaire », op. cit., p. 120.

conclut Gwenaëlle Boucher.

On a vu que Voltaire est avant tout poète. Ayant versifié toute sa vie durant, la poésie reste pour lui le genre préféré. Une grande quantité de sa poésie a été produite pour des femmes. Il est donc temps d'exposer quelques liaisons avec des femmes.

2.2. Voltaire et les femmes

Le dernier objet de ce chapitre est d'exposer les linéaments de la vie amoureuse de Voltaire. Je me suis bornée à formuler les liaisons du poète que je crois irréfutables pour mon travail. Afin de cerner l'arrière-plan des poèmes intimes, on devait faire connaître au lecteur les circonstances et les raisons pour lesquelles ces poèmes ont été rédigés. Ma recherche ne révèle pas toutes les liaisons d'amour ou d'amitié de Voltaire avec les femmes qu'il a rencontrées, mais ce sont les histoires les plus importantes pour ce travail dont j´étais curieuse. C'est sur ses plus grands amours et amitiés que j´ai mis l'accent. Une investigation sur les femmes de Voltaire ne semble avoir du sens qu'en ayant comme objet des poèmes relatifs à ces femmes. Cependant, on parle aussi des femmes pour lesquelles Voltaire a versifié, mais qui, dans sa vie émotive, ne prennent pas une place très importante.

J´ai donc avoué mes préférences et expliqué ma procédure.

Autant que l'on sache, le premier amour de Voltaire était Catherine Olympe Dunoyer, dite Pimpette. René Pomeau décrit leur lien de la manière suivante :

> La jeune fille avait du charme : fraîcheur, gentillesse, sensibilité. Peu après son arrivée Arouet la rencontre, et c'est très vite le grand amour. Il se dit son « amant », il la nomme

> sa chère « maîtresse » : termes à prendre dans leur acception aujourd'hui. On se jure de s'aimer toute sa vie. Passion très juvénile des deux côtés, avec une nuance quelque peu maternelle de la part de la fille, de deux ans plus âgée que son amant. [58]

Ils ne restent ensemble que trois mois, car Voltaire est renvoyé à Paris par l'ambassadeur de La Haye qu'il accompagnait comme secrétaire. La mère de Pimpette, une journaliste méchante[59], avait porté plainte contre le jeune homme, étant donné qu'il était sans fortune. C'est elle aussi qui, lorsque Voltaire fut connu grâce à son succès avec *Œdipe*, publia les quinze lettres écrites par Voltaire à cette fille entre 1711 et 1715. Celles-ci, accompagnées d'un commentaire sur la vertu maternelle, sont les seules qui nous restent aujourd'hui grâce à l'indiscrétion de la mère. Voltaire, qui alors n'avait que dix-neuf ans, cherche sous des prétextes à faire venir Pimpette le rejoindre à Paris, mais étant « faible de caractère et de santé »[60] et aussi peu intelligente[61], elle préfère rester auprès de sa mère. Elle se liera plus tard avec Guyot de Merville, un « petit homme de lettres réfugié à La Haye »[62], pour enfin se marier avec M. de Winterfield et vivre à Paris.

Passons sur sa déception sentimentale avec Mademoiselle Marie Anne de Châteauneuf Duclos, une actrice de talent d'une « beauté parfaite », mais « assez sotte »[63] ayant une vingtaine d'années de plus que lui, une voix admirable et un grand nombre d'admirateurs – parmi lesquels un jouvenceau de 17 ans qu'elle épouse à l'âge de 55 ans. De même avec une autre belle comédienne, de 14 ans plus âgée que lui, qu'il avait aimée « comme actrice et comme femme »[64].

---

[58] René Pomeau (éd.), *Voltaire en son temps*, I (*D'Arouet à Voltaire, 1694-1734*), Oxford, Voltaire Foundation, Paris, Touzot, 1985, p. 61.
[59] Cf. A. Maurois, art. « Voltaire », in G. Grente (dir.), *Dictionnaire des Lettres Françaises*, op. cit., p. 641.
[60] R. Pomeau, *Voltaire en son temps*, I, op. cit., p. 62.
[61] Cf. David James Adams, *La femme dans les contes et les romans de Voltaire*, Paris, Nizet, 1974, p. 23.
[62] R. Pomeau, *Voltaire en son temps*, I, op. cit., p. 62.
[63] Ibid., p. 73.
[64] Ibid., p. 263.

Il s'éprend, en effet, d'Adrienne Lecouvreur, interprète entre autre des rôles d'Artémire et de Jocaste dans *Œdipe*, munie d'une voix assez faible et plutôt appréciée pour sa « belle articulation »[65]. Leur liaison est constituée par « pure amitié » ; quand il est atteint de la variole en 1723 il est soigné par elle qui, en 1730, meurt à 38 ans auprès de Voltaire qui déclarera après la mort de celle-ci « avoir été « son admirateur, son ami, son amant » »[66].

Sa passion pour Jeanne Angélique Roque de Varengueville, maréchale de Villars, une « mondaine heureuse »[67] nettement plus âgée que lui, reste sans réponse, mais il rencontre peu après Marguerite-Magdeleine du Moutier, marquise de Bernières, qui sera sa maîtresse à partir de 1723 pendant deux années (sa dernière maîtresse avant la marquise du Châtelet) et ensuite une très bonne amie, ce qu'on peut déduire de la très grande correspondance entre les deux. Comme la plupart des femmes de Voltaire, elle aussi est plus âgée que lui (à noter que Voltaire a perdu sa mère lorsqu'il avait sept ans…), mais cette fois ce ne sont que sept ans qui les séparent. Le poète fréquente souvent cette « beauté blonde, bien en chair, épanouie »[68], qui, étant riche et bien située – elle a une double résidence, une à Paris, une en Normandie –, introduit Voltaire dans une société agréable à Rouen et lui aide à diffuser clandestinement ses écrits. Leur liaison se passe très discrètement, car elle est mariée, mais il lui rend souvent visite « pour travailler et pour se soigner »[69], et c'est dans l'appartement de Paris, rue de Beaune, que Voltaire lui loue, qu'il mourra en 1778.

En même temps que sa liaison avec Madame de Bernières, Voltaire est l'amant de Marie-Marguerite d'Aligre de Rupelmonde, une jeune femme fine d'une carnation claire qu'il accompagne en Hollande, où il se rend en

---

[65] Ibid., p. 135.
[66] Ibid., p. 135.
[67] Ibid., p. 132.
[68] Ibid., p. 147.
[69] Ibid., p. 147.

1722 pour la publication de *La Henriade*. Elle est décrite comme une femme peu intelligente[70], « blonde plutôt que rousse ; [ayant] un visage régulier aux traits délicats, éclairé par des yeux vifs »[71]. Etant veuve depuis une dizaine d'années, elle se lance dans plusieurs histoires amoureuses et fréquente de nombreux amants et sa liaison avec Voltaire n'est donc pas d'une très grande importance.

Avec Marie de Vichy de Chamrond, marquise du Deffand il entretient un rapport entre égaux. Etant presque contemporains, ils s'apprécient tous deux « à leur juste valeur »[72], et s'admirent surtout intellectuellement. Il discute avec elle de ses œuvres, bien que Madame du Châtelet exigeait qu'on n'exalte pas trop l'intelligence d'une rivale. La marquise du Deffand, souffrant « de l'incurie de son éducation »[73], était jalouse d'Emilie. Quand Voltaire est à Cirey avec celle-ci, de 1734 à 1749, elle se montre déçue d'avoir perdu son « brillant partenaire d'autrefois »[74]. « Dans la correspondance de Voltaire, les lettres échangées avec Mme du Deffand jouent un rôle particulier. Etre en rapport avec la marquise, cela signifie avoir des contacts privilégiés avec la vieille aristocratie [et surtout les femmes possédant un salon] française à laquelle Voltaire est toujours très attentif[75] [...] »[76]. Les deux amis se retrouvent souvent à Sceaux, un des cercles qu'ils fréquentent les deux, et « l'éventualité d'un ancien lien amoureux entre la marquise et l'écrivain »[77] n'est pas exclue. Mais « [m]ême s'il y avait eu un intermède galant entre les deux amis, on imagine mal, étant donné l'époque et les personnages, que cela ait pu créer la moindre gêne. »[78]

---

[70] Cf. D. J. Adams, op. cit., p. 23.
[71] R. Pomeau, *Voltaire en son temps*, I, op. cit., p. 151.
[72] Benedetta Craveri, *Madame du Deffand et son monde*, Paris, éd. du Seuil, 1987, p. 175.
[73] Inès Murat, *Madame du Deffand, 1696-1780. La lettre et l'esprit*, Saint-Amand-Montrond, Perrin, 2003, p. 80.
[74] Ibid., p. 81.
[75] I. Murat, par contre nous montre que « [m]algré ses apparences de courtisan, Voltaire n'avait pas l'âme d'un homme de cour. Il attirait la provocation, répondait par une impertinence, suscitait les inimitiés », ibid., p. 79.
[76] B. Craveri, op. cit., p. 174.
[77] Ibid., p. 177.
[78] Ibid.

En Gabrielle Emilie Le Tonnellier de Breteuil, marquise du Châtelet-Lomond il trouve une partenaire au niveau de l'esprit. Voltaire la connut en 1714, lorsqu'elle avait 18 ou 19 ans. Son père possédant une riche bibliothèque ne l'envoya pas dans un couvent, mais fit d'elle une femme de science. Elle eut des bonnes connaissances de latin (ce que montre sa traduction de l'*Enéide*), elle apprit l'anglais, l'italien et l'espagnol. Elle s'intéressait à la philosophie, aux mathématiques, à la métaphysique, et à la physique. On sait qu'elle était exceptionnelle au calcul mental. Elle fut « avec Mme Dacier la femme la plus véritablement savante de son siècle. »[79] La « divine Emilie », comme Voltaire l'appelle, protesta contre l'absence d'éducation des filles au XVIIIème siècle. Puisque sa dot était assez faible, une grande alliance était impossible. Son père la maria alors à Florent Claude, marquis du Châtelet, un homme intelligent et modeste qui reconnut « vite la superiorité d'esprit de celle qu'il épous[a]. »[80] Il n´exigea pas sa fidélité, mais seulement la bienséance, Voltaire sera donc officiellement un ami de la famille. Après l'accouchement de ses trois premiers enfants – en tout elle en aura quatre dont deux mourront – et la mort de son père, elle se sent seule. Son mari étant éloigné pour son service aux armées, elle se livre à la vie mondaine et ses plus célèbres amants sont le comte de Guébriant, le duc de Richelieu (avec lequel elle entretient une amitié amoureuse), Maupertius – le directeur de l'Académie de Berlin – , le fameux poète Saint-Lambert, la duchesse de Saint-Pierre et le comte de Forcalquier à la fois. Si nous ne croyons pas à une lettre de Madame Deffand dans laquelle elle donne un portrait négatif de la maîtresse de Voltaire, Emilie était une belle femme au visage irrégulier, avec un nez un peu long, « les yeux qui doivent loucher »[81], le front large, le regard vif. Elle était une personne fort agréable qui plaisait, animée et spirituelle. Elle aimait le plaisir autant que le travail, elle jouait la comédie et chantait avec talent. Sa liaison avec Voltaire qui commence en 1733, bien qu'à ce moment-là, à presque 40 ans, ce dernier se croie à la fin de l'âge des relations amoureuses, durera 15 ans. En 1734 il l'appelle déjà « ma

79 R. Pomeau, *Voltaire en son temps*, I, op. cit., p. 304.
80 Ibid., p. 305.
81 Ibid., p. 309.

femme ». Au début de leur histoire ils vivent à Cirey le bonheur et l'amour, des « « moments doux et voluptueux » »[82]. « Le vrai mariage d'Emilie, ce fut celui qui se passa de la bénédiction de l'Eglise : celui qu'elle contracta avec Voltaire par consentement mutuel, avec accord tacite de Monsieur du Châtelet. En ses dernières années, c'est à Voltaire qu'elle est infidèle, non au mari putatif. »[83] C'est grâce à elle qu'il élargit son intérêt vers les sciences mathématiques et la méthode rigoureuse de la pensée scientifique[84], et qu'il revient à la cour[85]. Ils vivent une conjonction de l'amour et du travail, mais la première crise arrive après quelques mois, car Voltaire, étant malade, se croit « mort aux plaisirs » et préfère se concentrer plutôt sur son travail. C'est là qu'Emilie prend des leçons sur la mathématique newtonienne chez Maupertius qui devient vite son amant. Pendant plusieurs mois elle va de Cirey, où Voltaire se réfugie, à Paris, chez Maupertius, mais finalement elle décide de rester avec Voltaire. Leur « déchirure de l'amour [...] ne s'est pas accomplie sans heurts »[86], mais étant donné que les lettres de Voltaire à Emilie qu'elle avait conservées et fait relier en six volumes in-quarto sont perdues, il nous manque des sources importantes de ce « mariage secret ». Nous avons le témoignage de Madame de Graffigny, hôte à Cirey en 1738/39 et celui d'Emilie qui décrit les crises violentes et le manque d'amour de Voltaire. « La certitude de l'impossibilité du retour de son goût et de sa passion, que je sais bien qui n´est pas dans la nature, a amené insensiblement mon cœur au sentiment paisible de l'amitié »[87], écrit-elle. Lorsqu'elle meurt en couches, après 20 ans d'amitié, Voltaire est détruit par le chagrin. « Aucun des deux n´eût été ce qu'il est devenu au regard de la postérité s'ils n´avaient vécu ensemble pendant quinze ans »[88].

---

[82] Ibid., p. 311.
[83] R. Pomeau dans : Gilbert Mercier, *Madame Voltaire*, Paris, Fallois, 2001, p. 7.
[84] Cf. son écrit "Elements de Newton".
[85] Il devient académicien, historiographe de France, gentilhomme ordinaire de la chambre du roi.
[86] R. Pomeau, *Voltaire en son temps*, II (*Avec Mme Du Châtelet, 1734-1749)*, Oxford, Voltaire Foundation, Paris, Touzot, 1988, p. 245.
[87] Emilie du Châtelet citée par R. Pomeau, *Voltaire en son temps*, II, op. cit., p. 245.
[88] René Vaillot, Madame du Châtelet, Paris, Albin Michel, 1978, p. 57.

La très belle Charlotte Sophie d'Aldenburg, comtesse de Bentick, est une grande amie de Voltaire. Il retrouve chez elle une sorte d'Emilie germanique, et on ne peut pas affirmer qu'elle était sa maîtresse, « [m]ais cela est fort possible »[89]. Quand il la connaît à Sans-Souci, il est seul et mélancolique, sa nièce préfère ne pas venir le voir, car elle a de nombreux amants à rendre heureux. Il est âgé de 56 ans, reçoit une pension confortable, mais est plein de disgrâces. Madame de Bentick, charmante, sensible, belle et douce et ne manquant pas d'esprit, est alors la seule à pouvoir le réconforter dans l'exile. Elle l'aide à diffuser ses travaux hors de la Prusse et aussi à le priver de ses conflits. A partir de 1751, les confidences amoureuses se multiplient, elle lui rend souvent visite. Son attachement à elle ne finit qu'avec sa vie, leur amitié dure 15 ans, en correspondant jusqu' à la mort de Voltaire. Pour une fois, ce n'est pas Voltaire qui a vaincu, mais lui qui a été vaincu[90].

Le dernier grand amour de Voltaire est Marie-Louise Denis, avec laquelle il commence une relation en 1745, quatre ans avant la mort d'Emilie. Il ressentait jusque là une tendresse plutôt « paternelle », mais lorsqu'elle devient veuve à 33 ans, cette tendresse se transforme en amour qui dépasse le plaisir pour devenir profond et durable. René Pomeau décrit Marie-Louise comme ayant un visage charmant, une tendance à grossir, une femme « gourmande et sensuelle, [qui] aime la société, les soupers, la gaieté, l'amour »[91], et qui n'est ni inculte ni très intelligente, mais sûre d'elle-même. « Il n'est que Marmontel qui l'ait trouvée laide ... après s'en être servi »[92], commente René Vaillot. Voltaire retrouve en elle plus de talents qu'elle n'en avait vraiment, il accepte même ses critères pour ses œuvres. Selon Theodore Besterman, Voltaire l'aime « sincèrement, tendrement, passionnément, et même aveuglément .»[93] D'après sa

[89] Henri Bellugou, *Voltaire, amoureux de Madame Bentick*, Angers, H. SIRAUDEAU et Cie, 1963, p. 617.
[90] Cf. H. Bellugou, op. cit., p. 11.
[91] R. Pomeau, *Voltaire en son temps*, II, op. cit., p. 241.
[92] R. Vaillot, op. cit., p. 254.
[93] Voltaire, *Lettres d'amour de Voltaire à sa nièce*, publ. par Theodore Besterman, Paris, Librairie Plon, 1957, p. 15.

c[94]orrespondance avec Madame Denis, qui est en majeure partie en italien, il ne cherche pas à briller, mais se montre plutôt comme « un amant sincère, grave et simple. »[95] « Voltaire, quand il la verra nue, s'extasiera devant ses formes rondes et fermes ; on sait combien, en ce siècle, l'embonpoint est apprécié ». D'après Hugues Micha, « [s]on érotisme s'exprime plus d'une fois en des termes qui bravent l'honnêteté »[96]. »Je rougis d'être si philosophe en idée et si pauvre homme en conduite »[97], écrit Voltaire. Il retrouve chez elle le caractère enfantin et spontané qu'Emilie avait perdu avec l'âge, et c'est peut-être la raison pour laquelle il trompe Emilie avec Marie-Louise, car il ressent pour elle un tendre amour paternel et attentif.[98] Dans une lettre il lui avoue son amour exclusif : « Vous êtes toute ma famille, ma seule amie, mon bien et mon unique espérance »[99] et dans une autre qu'il l'aime plus que sa vie[100]. Evidemment, Marie-Louise n´est pas fidèle à son oncle de 17 ans plus âgé, vieillissant et malade (il se plaint, dans la moitié de les environ cent lettres qu'elle reçcoit, de sa santé), mais elle le trompe de manière très discrète afin de ne pas heurter le poète qui rêve de passer les derniers temps de sa vie avec elle. Elle a une douzaine d'amants, comme par exemple Richelieu, Marmontel, Monsieur de la Porte.

Dans le cadre de cette recherche des relations amoureuses ou amicales de Voltaire, je me permets d'évoquer brièvement les femmes moins importantes pour Voltaire que celles dont on a parlé, mais qu'on mentionnera plus tard, car le poète leur a accordé des poésies.

La belle et légère Suzanne de Livry, une comédienne peu talentueuse, a été sa maîtresse en 1716/17 lorsqu'il avait 23 ans. Plus tard,

---

[94] R. Pomeau, *Voltaire en son temps*, II, op. cit., p. 242.
[95] Ibid.
[96] Hugues Micha, *Voltaire d´après sa correspondance avec Madame Denis*, Paris, A. G. Nizet, 1972, p. 20.
[97] Voltaire cité par Hugues Micha, op.cit., p. 20.
[98] Cf. R. Pomeau, *Voltaire en son temps*, II, op. cit., p. 242.
[99] Voltaire, lettre à Madame Denis, D 3303.
[100] Voltaire, lettre à Madame Denis, D 3300.

son ami La Faluère de Génonville lui enlève cette maîtresse, pendant que Voltaire se trouve encarcéré dans la Bastille.

Il échange des vers galants avec Marie Catherine de Beauvau, marquise de Boufflers, connue pour son nombre élevé d'amants, sans avoir une liaison amoureuse avec elle.

Une admiratrice de Voltaire, Jeanne Catherine Gaussin, souffre beaucoup à cause de lui. Tendre et voluptueuse à la fois, elle passe d'un amant à l'autre. Etant très belle et douce, elle a une voix touchante et de grands yeux noirs. Il est fort probable qu'ils aient eu une liaison en 1744, mais peu après, la passion de Voltaire pour cette femme facile s'éteint comme feu de paille.

Il versifie pour Agnès Berthelot de Pléneuf, marquise de Prie, la maîtresse du duc de Bourbon. Elle est mince, a les traits fins et un regard attentif d'un esprit vif et agréable. Brillante et légère, elle aime bien être amusée.

La comtesse ou baronne de Fontaine-Martel, une libertine connue pour ses foucades n´est pour Voltaire ni un amour ni une grande amie. Tout de même il loge chez elle en 1731, lorsqu'elle est âgée de plus de 70 ans. Cette femme d'une humeur fantasque aime bien être amusée par les hommes qu'elle héberge, par contre elle n´aime pas que ces hommes aient une maîtresse.

Il fréquente le même cercle à Sully que Madame de Gondrin, une femme avec laquelle il n´a pas de liaison. Il fait la connaissance de cette dame mariée, étant l'amant de Madame de Livry.

On sait peu de choses sur sa relation avec Madame de Montbrun-Villefranche. Il lui écrit une épître en 1714, mais on ne sait pas si leur relation se termine là.

C'est ainsi qu'on a essayé, en résumant les liaisons de Voltaire avec quelques femmes, d'élargir notre horizon. Il est clair que le cadre restreint de ce travail oblige à ne mentionner que les femmes à mon avis les plus importantes pour Voltaire.

Que l'autre sexe a joué un très grand rôle dans la vie du poète, nous l'avons vu. Dans le prochain chapitre on parlera du type féminin que le poète préfère dans ses vers.

3. L'IDÉAL FÉMININ DE VOLTAIRE POÈTE

Le but de ce chapitre sera de dégager l'idéal féminin du poète Voltaire. Quels sont les caractéristiques qu'on retrouve le plus souvent dans sa poésie, quels sont les côtés éminins qu'il préfère ? Est-ce que l'avis du poète change dans l'âge ? A-t-il un type féminin spécial ?

Avant de le dégager, je décrirai brièvement la situation des femmes de la haute société dans le siècle de Voltaire.

3.1. La femme au XVIIIème siècle

Au XVIIIème siècle, les femmes de la haute société s'emparent peu à peu des domaines masculins. Considérées sous l'Ancien Régime comme biologiquement et ontologiquement inférieures et même au début du siècle des Lumières uniquement comme hôtesses d'une cour ou d'un salon, elles revendiquent des droits civiques et politiques[101]. Privilégées par leur classe sociale et l'anticonformisme d'un homme, elles deviennent plus puissantes, fortes et universelles notamment dans les domaines de la philosophie, des sciences, de l'art et de la littérature. La plupart d'entre elles grâce à leurs efforts autodidactes, étant donné l'insuffisance de l'éducation qu'elles ont subi dans les couvents. La femme dotée et cultivée jouit d'une certaine égalité, pas seulement dans le couple[102]. « Un point de morale ne serait pas mieux discuté dans la société des philosophes que dans celle d'une jolie femme de Paris », avoue Rousseau dans *La Nouvelle Héloïse*[103]. Car on aurait tort de penser que cette domination et ce pouvoir étonnants que la femme noble du XVIIIème siècle exerce sur son temps, elle les doive

[101] On ne peut pas parler de « féminisme », car le mot n´apparaît qu´en 1837, mais peut-être d´une sorte de « pré-féminisme » …?

[102] Cf. Colette Piau-Gillot, art. « Femmes de lettres et féminisme », in *Dictionnaire européen des Lumières*, publ. s.l.d. de Michel Delon, Paris, Presses Universitaires, 1997, p. 455.

[103] Rousseau cité par Casimire de Hanicka-Zulawska, *Les femmes dans le théâtre de Voltaire*, thèse universitaire de Berne, Berne, Imprimerie Scheitlin & Co., 1911, pp. 6/7.

seulement à son charme, à ses grâces féminines. [104] Au contraire : « elle se distingue surtout par les qualités rares de son esprit, par ses talents supérieurs et ses capacités inattendues dans toutes les positions qu'elle a conquises par ambition ou par intérêt »[105]. Goncourt nous décrit la femme en quelque sorte comme elle apparaît souvent sur les peintures de ce temps, dont elle est souvent l'objet : « Le front médite. L'ombre d'une lecture ou la caresse d'une reflexion y passe, en l'effleurant. L'œil vous suit du regard comme il vous suivrait de la pensée. La bouche est fine, la lèvre mince. Il y a dans toutes ces physionomies la résolution et l'éclair d'une idée virile, une profondeur dans la mutinerie même, je ne sais quoi de pensant et de perçant, ce mélange de l'homme et de la femme d'Etat [...]»[106]. Tout en étant « le symbole de la beauté et son unique expression »[107], elle représente le céleste dans un siècle sans Dieu.

3.2. La femme dans l'œuvre de Voltaire

C'est dans cette société que vit Voltaire. Et c'est sur celle-ci qu'il reflète. Il aime les femmes et leur société et a de nombreuses maîtresses et amies, parmi lesquelles on trouve des femmes de tous genres, des actrices également comme des princesses, il préfère les femmes intelligentes et gaies qui s'expriment librement. Bien qu'en général Voltaire ait *l'humain* comme objet de ses études et intérêts philosophiques, il systématise, dans plusieurs écrits, comme *L'Education des filles* (1765), ou les *Questions sur l'Encyclopédie* (1770/1771), ses réflexions sur la nature féminine et sur la place de la femme dans la société. Puisqu'il trouve ridicule l'article « Femme » de l'*Encyclopédie*, il s'occupe lui-même de l'éternel féminin et explique, dans son *Dictionnaire philosophique,* la nature biologique de la femme. Ainsi dit-il que l' « espérance de vie des femmes est supérieure à celle des hommes »[108], mais son infériorité consiste en sa faiblesse physique : « En général, elle est bien moins forte que l'homme,

---

[104] Ibid., pp. 6/7.
[105] C. de Hanicka-Zulawska, op. cit., p. 7.
[106] Goncourt cité par C. de Hanicka-Zulawska, op. cit., p. 7.
[107] C. de Hanicka-Zulawska, op. cit., p. 9.
[108] Christiane Mervaud, art. « Femme », in *Dictionnaire général de Voltaire*, publ. s.l.d. de Raymond Trousson et Jeroom Vercruysse, Paris, Champion, 2003, p. 507.

moins grande, moins capable de longs travaux ; son sang est plus aqueux, sa chair moins compacte, ses cheveux plus longs, ses membres plus arrondis, les bras moins musculeux, la bouche plus petite, les fesses plus relevées, les hanches plus écartées, le ventre plus large »[109], dit-il dans son article *Femme*.

Et encore sur l'intelligence de l'autre sexe : « Il n'est pas étonnant qu'en tout pays l'homme se soit rendu le maître de la femme, tout étant fondé sur la force. Il a d'ordinaire beaucoup de supériorité par celle du corps et même de l'esprit. On a vu des femmes très savantes comme il en fut de guerrières ; mais il n'y en a jamais eu d'inventrices [...], il semble généralement qu'elles soient faites pour adoucir les mœurs des hommes »[110]. Cependant on trouve ailleurs l'avis du poète que « Les femmes sont capables de tout ce que nous [i. e. les hommes] faisons »[111]. Voltaire montre donc que, dans les « préjugés ancestraux, d'ordre social, sexuel et moral »[112], le sexe féminin est soumis dans les domaines sociaux et intellectuels, et par conséquence inférieur aux hommes, mais que cette iniquité n'est pas imposée par la nature humaine.[113] « Nous sommes au temps, j'ose le dire, où il faut qu'un poète soit philosophe et où une jeune femme peut l'être hardiment »[114], dit-il.

Voltaire discute aussi le rôle sexuel et sentimental des femmes. Contrairement à la vision chrétienne, qui ne tolère le plaisir charnel qu'en fonction de la procréation, les femmes ont le droit de ressentir de la passion[115]. Elles subissent une éducation contradictoire, car elles sont

[109] Ibid., p. 507.
[110] Voltaire, *Dictionnaire de la pensée de Voltaire par lui-même*, art. « Femme », textes choisis et éd. établie par André Versaille, Bruxelles / Paris, Editions Complexe, 1994, p. 436.
[111] Voltaire cité par Anne Soprani, art. « Femmes », in *Inventaire Voltaire*, op. cit., p. 534.
[112] A. Soprani, op. cit., p. 533.
[113] « Certainement, la nature ne l'a pas dit, elle nous a fait des organes différents de ceux des hommes ; mais en nous rendant nécessaires les uns aux autres, elle n'a pas prétendu que l'union formât un esclavage », dit la maréchale de Grancey dans un discours sur l'injustice de la soumission féminine. (*Dictionnaire de la pensée de Voltaire par lui-même*, art. « Femme », op. cit., p. 438).
[114] Voltaire cité par Ch. Mervaud, in *Dictionnaire général de Voltaire*, op.cit., p. 511.
[115] et les passions peuvent influencer le fœtus pendant la grossesse (*Dictionnaire général de Voltaire*, op. cit., pp. 508/09).

élevées dans le désir de plaire, mais punies pour pratiquer cela et n´ont le choix qu'entre la vie en monastère ou en mariage. Voltaire ne glorifie point le sort de la femme soumise, il « ne parle ni d'éternel féminin ni de destinée féminine [...]. Point d'élection dans la faiblesse ou la souffrance, point d'acceptation de la condition de victime, point d'aliénation ainsi distillée par la bonne conscience »[116]. Il montre une passion pour ce qui concerne la morale sexuelle. Dans l'adultère, il ne trouve comme mal que le fait qu'il s'agit d'un vol, le poète se montre « plutôt laxiste en matière de fidélité conjugale »[117]. Aussi réclame-t-il le droit de divorcer et trouve le postulat de virginité ridicule. « Refusant toute idée de péché, il s'efforce de limiter les discriminations et de prêcher pour une marge de liberté laissée aux femmes [...]. Les filles devraient pouvoir disposer librement de leur corps. »[118] Si l'on les laisse vivre librement leur sexualité, cela peut produire des épouses sages. Lui-même pratique la polygamie et ne craint pas la femme débridée et excessive. Il rend hommage à toute sorte de femmes : aux grandes dames intelligentes, cultivées et aimables autant qu'à celles qui s'occupent à la maison de leurs enfants. Ses réflexions ne se limitent pas à une classe sociale – comme dans sa poésie.

Les questions des différents types féminins selon le genre littéraire se sont posés plusieurs. « La difficulté, pour Voltaire, tient à l'extrême éparpillement des jugements, aux finalités spécifiques de chaque texte. Comment ordonnancer ce qui est simple reprise de lieux communs en vers et en prose et ce qui est de l'ordre d'une réflexion personnelle ou d'une création de types féminins dans les ouvrages de fiction ? »[119], se demande Voltaire. La plupart de ses femmes sont alors soumises aux contraintes des genres et aux contextes.

Voltaire, qui dans ses tragédies et ses pièces de théâtre laisse dominer ou règner la femme, ne caractérise aucune héroïne avec des traits

---

[116] Ch. Mervaud, art. « Femme », in *Dictionnaire général de Voltaire*, op. cit., pp. 508/09.
[117] Ibid., p. 509.
[118] Ibid., p. 510.
[119] Ibid., p. 505.

odieux[120], et dans la préface de *Zaïre*, il s'exprime ainsi : « La société dépend des femmes. Tous les peuples qui ont le malheur de les enfermer sont insociables »[121]. Ceci, interprété par Casimire de Hanicka-Zulawska comme une vision voltairienne de la femme vue comme centre de l'esprit et du cœur, favorable au progrès de l'humanité, explique pourquoi il s'intéresse fort à une amélioration de l'éducation féminine. Il se prononce pour une éducation qui prépare la femme, hors de tous couvents, à la vie familiale et sociale, car « ce n´est pas dans un couvent que je suis destinée à vivre [et] dans les couvents ... on n´apprend guère que ce qu'il faut oublier pour toute sa vie »[122], fait-il dire une femme dans l'*Education des filles*, écrit en 1761. Il se bat, dans son œuvre dramatique, pour que la femme puisse choisir son mari par elle-même, avec son cœur et sa raison.

3.3. La femme dans la poésie de Voltaire

Dans sa poésie, Voltaire encadre plutôt les femmes de haute société. Il y souligne principalement trois caractéristiques féminines, car il les loue spécialement pour leur beauté, leur esprit ou leur caractère. L'objet de ce chapitre sera donc l'analyse de cet idéal poétique féminin, que j´entreprendrai dans trois parties. J´aimerais d'abord montrer quel statut a la beauté chez une femme pour Voltaire et qu'est-ce qu'il appelle *beau*. « [P]our donner à quelque chose le nom de beauté, il faut qu'elle vous cause de l'admiration et du plaisir »[123], écrit le poète dans le *Dictionnaire philosophique*.

---

[120] Cf. C. de Hanicka-Zulawska, op. cit., p.10.
[121] Voltaire cité par C. de Hanicka-Zulawska, op. cit., p. 11.
[122] Ibid., p. 12.
[123] Voltaire, *Dictionnaire philosophique*, s.l.d. de Christiane Mervaud, Oxford, Voltaire Foundation, tôme I, 1994, pp. 408/09.

3.3.1. La beauté féminine

Voltaire évoque souvent la beauté corporelle d'une femme. Sa manière d' exposer la beauté féminine peut rapeller celle de Ronsard, qui avait comme préférence l'aristocrate éduquée, savante et jeune[124]. Comme son prédécesseur, le poète illuministe compare la femme en question avec les dieux, Voltaire, de préférence, avec Vénus, la déesse de l'amour. Mais il magnifie également la femme en la comparant aux anges, aux saintes, aux muses et aux divinités protectrices. C'est un fait typique de la littérature rococo de charmer les femmes en les comparant aux déesses. Mais il s'y agit d'une apothéose de la mythologie : on ne fait cela point pour révérer leurs qualités morales, mais pour les réduire aux stéréotypes, aux physique, à leurs beaux corps. Pour son idéal dans la société humaine il se plonge dans le monde divin et antique. Ainsi il crée une sorte de « mythologie personnelle » et entreprend une « remise en cause des divinités existantes »[125], résume Patricia Ménissier.

Comme la beauté extérieure est alors un attribut de la femme idéale, Voltaire se réfère souvent au visage et ses parties. Ainsi parle-t-il, dans l'ensemble de son œuvre poétique intime, des yeux qui montrent *feu et âme*, du *charme dans les yeux*, des *yeux ardents*, du *visage charmant*, *visage de l'Amour*, de la *figure légère des Grâces*, des *lèvres fraîches et charmantes*, du *doux sourire*, des *traits charmants* (« Traits charmants, image vivante, / Du tendre et cher objet de ma brûlante ardeur »[126]) mais aussi, plus en général, du *charme plus doux*, de la *grâce naturelle*.

---

[124] D'autres points en commun sont, entre autres, le son de la voix de l'aimée, les lèvres, les yeux : « O dous parler, dont l'apât doucereus / Nourrit encor la faim de ma mémoire, / O front, d'Amour le Trofée & la gloire, / O ris sucrés, o baisers savoureus : / O cheveux d'ort, o coutaus plantureus / De lis, d'œillets, de Porfyre, & d'ivoire, / O feus jumeaux dont le ciel me fit boire / A si lons trais le venin amoureus : / O vermeillons, o lis pourprés de roses, / O chant qui peus les plus durs emouvoir, / Et dont l'accent dans les ames demeure : / Et dea, beautés, reviendra jamais l'heure / Qu'entre mes bras je vous puisse ravoir ? » (Ronsard, *Les amours*, Paris, Librairie Générale Française, 1993, p. 118).

[125] Patricia Ménissier, *Les amies de Voltaire dans la correspondance (1749 – 1778)*, thèse universitaire, Université de Nancy II, 2004, pp. 193/94.

[126] Voltaire, « A Madame du Châtelet, en recevant son portrait », 1733-1749, M, X, 519.

Etant donné que la beauté est associée à la jeunesse, celle-ci est un des facteurs les plus évoqués. C'est un des éléments les plus typiques de la littérature rococo. « The beauty of Woman in the first bloom of youth is a central theme of the rococo : the onset of old age is felt at thirty, and the contrast between youth and age is a theme which recurs obsessively, - even in Voltaire »[127], écrit Patrick Brady. (Ce sera le sujet de ce travail dans l'avant-dernier chapitre.) Voltaire versifie sur la femme, *fraîche et belle comme les fleurs*, *jeune et charmante*, ayant *le même âge qu'Amour*. Il décrit également l'image de *Vénus* d'une *muse* ou d'une *amazone*, *belle et brillante*, mais sans la moindre *coquetterie*, ayant un *sein d'albâtre* et des très *belles mains*.

Et ce n´est pas seulement la beauté visuelle, mais aussi sonore qui compte. Il faut alors pouvoir *voir et entendre* sa *nymphe* avec le plus grand plaisir, cette *nymphe* qui est *adorée par les mortels,* mais *faite pour les dieux* pour qu'ils l'admirent. Sa femme idéale doit être, si l'on résume, surtout jeune, naturelle, grâcieuse, ardente et charmante. Mais, tout de même, ce n´est pas seulement la beauté qui compte explicitement chez une femme. Certes, elle doit être belle, mais cette beauté réclamée n´est guère souvent précisée. Il parle, en effet, plutôt de la beauté en général, sans en préciser les détails. On aurait pu s'attendre à des descriptions comme celles de l'idéal féminin dans la littérature rococo : on y décrit souvent une femme petite, la tête, la main, les yeux, la cascade ou l'odeur de ses cheveux, les zones érogènes et même son attribut sexuel[128]. Mais Voltaire donne l'image d'une beauté quasiment abstraite, s'arrêtant peu aux détails, comme par exemple la couleur des cheveux ou des yeux, la taille ou la constitution de la femme.

Mais, même si la beauté n´est pas l'attribut féminin le plus important – car c'est l'esprit et le coeur qui forment la vraie beauté de la femme – elle ne gêne tout de même pas :

[127] P. Brady, op. cit., p. 233.
[128] Cf. Patrick Brady, op. cit., p 231.

De votre esprit la force est si puissante
Que vous pourriez vous passer de beauté
De vos attraits la grâce est si piquante,
Que sans esprit vous auriez enchanté.
Si votre cœur ne sait pas comme on aime,
Ces dons charmants sont des dons superflus :
Un sentiment est cent fois au-dessus
Et de l'esprit et de la beauté même.[129]

Comme on peut constater de ces vers, c'est le sentiment, le cœur, qui est le plus important chez une femme, du moins dans ces lignes (car on verra plus tard une autre tendance). Je dégagerai donc deuxièmement les attributs préférés qui constituent l'idéal caractère féminin.

3.3.2. Le caractère féminin idéal

On ne peut faire ton portrait:
Folâtre et sérieuse, agaçante et sévère,
Prudente avec l'air indiscret,
Vertueuse, coquette, à toi-même contraire,
La ressemblance échappe en rendant chaque trait.
Si l'on te peint constante, on t'aperçoit légère:
Ce n'est jamais toi qu'on a fait.
Fidèle au sentiment avec des goûts volages,
Tous les coeurs à ton char s'enchaînent tour à tour:
Tu plais aux libertins, tu captives les sages,
Tu domptes les plus fiers courages,
Tu fais l'office de l'Amour.
On croit voir cet enfant en te voyant paraître;
Sa jeunesse, ses traits, son art,
Ses plaisirs, ses erreurs, sa malice peut-être:
Serais-tu ce dieu, par hasard? [130]

---

[129] Voltaire, « A Madame de *** », 1730-1735, *Œuvres complètes*, tôme 10, pp. 477/478.
[130] Voltaire, « Le Portrait manqué », à la marquise de ***, avant 1761, M, X, 516/17.

Dans ces vers se montre l'image idéale que Voltaire se fait du caractère féminin. Peut-être parce que le portrait qu'il évoque de la femme ressemble au caractère de Voltaire lui-même qui est plein de contradictions ? Ainsi veut-il une femme *vertueuse*, *grâcieuse* et *coquette* qui sait s'abandonner aux *plaisirs* sans être volage, elle doit *rendre les* autres *femmes jalouses* sans être jalouse elle-même. L'amitié joue un très grand rôle pour le poète (je le montrerai plus tard) et c'est pour cela que la femme doit se montrer *adorable* envers ses amis, *tendre* et *confiante*, ayant un *cœur généreux*, *honnête* et *sincère*, *tendre* et *adorable*, le *cœur d'une bergère*. Elle est *désirée*, mais ne montre aucune trace de vanité, oubliant sa propre beauté. Cette femme *aimable* au *cœur fait de Dieu*, sachant être *amie vivace* et *sage*, doit avoir le *goût pour les plaisirs et désirs*, la *volupté*, les *agréments*. Dans ses yeux et son discours apparaissent du *feu* et de l'*âme*, elle n'aime que le *vrai*, la *nature* et méprise le vulgaire. Elle possède la *bonté du cœur*, et fait indifféremment *du bien pour son plaisir*, et, *sans effort*, elle est d'un *charme doux* et *sentimental*. *Descente* et *non arrangée*, elle est *libre*, et sa *vertu simple* et sa *gaîté modeste* est le *bonheur des hommes*. En *femme aimable et honnête homme*, elle devrait *vivre heureuse et libre de préjugés*, en restant franche et sans fard, mais pas trop sévère.

Pourtant, aux antipodes de cet idéal féminin, Voltaire donne aussi une image plutôt négative de la femme. Ses anti-femmes sont des « bégueules titrées, / Disant des riens d'un ton de perroquet, / Lorgnant des sots, et trichant au piquet ; Blondins y sont, beaucoup plus femmes qu'elles, / Profondément remplis de bagatelles, / D'un air hautain, d'une bruyante voix, / Chantant, dansant, minaudant à la fois »[131].

Voyez-vous pas de tous côtés
De très-décrépites beautés,
Pleurant de n'être plus aimables,
Dans leur besoin de passion

[131] Voltaire, « Epître à Madame du Châtelet, sur la calomnie », 1733, *Œuvres complètes*, tôme 10, pp. 282-288.

Ne pouvant rester raisonnables,
S'affoler de dévotion,
Et rechercher l'ambition
D'être bégueules respectables?[132]

Dans son conte en vers *Ce qui plaît aux dames*[133] Voltaire montre les attributs du sexe féminin en général : le bavardage, la coquetterie, l'inconstance et la manie de dominer. Il méprise les femmes légères, trompeuses qui se livrent à quiconque, comme on peut lire dans l'*Epître à Monsieur l'Abbé de* ***de 1715[134]. Il s'y exprime sur les maîtresses légères sans valeur et toutes interchangeables. Dans les contes en vers *Le Cocuage*[135] et *Le Cadenas*[136] (1716), le connaisseur des femmes dépeint l'image de la femme trompeuse, mais dans son *Epître connue sous le nom des Vous et des Tu*[137] il pardonne l'infidélité des belles femmes, car c'est quasiment leur destin: « Avec tant d'attraits précieux, / Hélas ! qui n´eût été friponne ? ».

Voltaire montre une grande admiration, de l'amour et de la passion pour les femmes. Il n´était point misogyne, mais «[s]ouvent déçu de l'amour, Voltaire refusait de rester longtemps la victime du désenchantement ; tout jeune, il voulait se consoler en feignant l'indifférence. Sa tentative fut de courte durée »[138], résume David James Adams. Dans ses lettres, il ne montre pas trop de respect pour la pudeur féminine, et tout en gardant la bienséance, il se montre indécent; «il ne déguise pas ce qu'il veut d'elles, mais il s'exprime avec tant d'élégance que nulle ne saurait s'en offenser».[139] Adams conclut que selon le poète il faut juste un peu cajoler la femme pudique pour la vaincre, car elle ne fait que chercher l'amour et le

---

[132] Voltaire, « Epître à Madame de Fontaine-Martel », 1732, *Œuvres complètes*, tôme 10, pp. 277-279.
[133] M, X, 9-19.
[134] M, X, 221.
[135] M, X, 572.
[136] M, X, 568.
[137] M, X, 270.
[138] D. J. Adams, op. cit., p. 23.
[139] Cf. D. J. Adams, op. cit., pp. 26/27.

bonheur, et qu'elle ne trouvera ce bonheur qu'en se montrant courageuse, hors de la réserve habituelle.

Estimant les femmes comme individus, Voltaire flatte souvent aux dames en leur faisant croire qu'elle font exception à leur sexe. Mais on ne peut pas conclure qu'il y a *un* type de caractère féminin que Voltaire adore spécialement, car cela dépend toujours de la femme en question et entres les différents types se créent des contradictions, mais on peut dire que le sentiment et la tendresse, la franchise et l'honnêteté, la bonté et la générosité, la vertu et la gaîté ne doivent pas manquer chez les femmes que le poète admire. Il ne cherche pas à donner une image fixe et limitée de la femme. Voltaire voit en la femme un partenaire qui est au même niveau que l'homme ; et il se montre favorable envers l'émancipation de la femme, voulant qu'elle puisse s'abandonner naturellement aux plaisirs et vivre libre et heureuse.

Ce qui compte le plus chez une femme, c'est son intelligence, je crois pouvoir résumer ainsi l'image de la femme idéale du poète. C'est sans doute dans Emilie du Châtelet qu'il retrouve l'esprit sublime féminin. Elle est l'incarnation de cet esprit idéal féminin.

Dans l'*Epître à la marquise du Châtelet* (dans la préface d'*Alzire*) Voltaire montre sa grande estime envers les femmes savantes, qui étudient avec grand intérêt les sciences et les beaux-arts, car cette culture est favorable pour le progrès du monde. Voltaire, estimant qu'une femme ait le même droit d'être philosophe que l'homme, montre, à travers son admiration pour Emilie, qu'une femme n´est pas (seulement) née pour la coquetterie. Il loue la supériorité de l'esprit de cette femme aimée avec des vers qui « ne sont ni le langage de la raison, ni de la véritable estime, ni du respect, ni de l'amitié, et ce sont, dit-il, tous ces sentiments que je veux lui peindre »[140]. Emilie, la *Vénus-philosophe* qui remplit son esprit et son cœur, n´est pas seulement noble, loyale et droite de caractère, mais aussi

---

[140] Voltaire dans une lettre à Thiériot, 1736, cité par C. de Hanicka-Zulawska, op. cit., p. 14.

a-t-elle l'esprit le plus cultivé qui anime les beaux-arts. Elle dépasse Voltaire en mathématiques, ce qu'il admire sans pouvoir la suivre, elle publie les *Institutions de Physique*, inspirée par les idées de Leibniz, et elle traduit les *Principes* de Newton. Ils passent, aimant tous deux les études et le travail, dix ans à Cirey ; ils se retirent des plaisirs du monde en s'enfuyant dans leurs études, chacun dans sa chambre jusqu'au soir. Au dîner ils en parlent, et après il se peut qu'elle chante ou qu'on joue la nouvelle comédie de Voltaire. Pour le poète, Madame du Châtelet était donc une compagne unique.

Une autre femme que Voltaire admire est Ninon de Lenclos, qu'il connaît depuis son enfance. Casimire de Hanicka-Zulawska la décrit comme une

> [...] épicurienne du Grand-Siècle [qui est] comme une devancière et une incarnation de la philosophie et de la morale du XVIIIème siècle. Elle est comme le symbole de ces mœurs qui, avec les esprits les plus nobles et les plus élevés, réclamait dans la morale *des droits égaux pour tous*, n'exigeant d'une femme d'autres vertus que celles *d'honnète homme*. [141]

Cette « femme légère et homme estimable » se bat pour une égalité des droits entre femme et homme dans la « légèreté dans l'amour, la frivolité, la débauche »[142]. Voltaire fait d'elle une apothéose, en disant :

> La célèbre Ninon de Lenclos, *amante légère, amie solide, honnête-homme et philosophe*, se plaignait de la bizarrerie et de l'injustice *du préjugé* à cet égard. J'ai réfléchi, disait-elle, dès mon enfance *sur le partage inégal des qualités qu'on exige dans les hommes et dans les femmes*. Je vis qu'on nous avait chargées *de ce qu'il y avait de plus frivole et que les hommes s'étaient réservé le droit aux qualités essentielles*, dès ce moment *je me fis homme*. Et elle le fit bien.[143]

---

[141] C. de Hanicka-Zulawska, op. cit., p. 96.
[142] Ibid., p. 96.
[143] Voltaire cité par C. de Hanicka-Zulawska, op. cit., p. 96.

3.3.3. L'esprit féminin idéal

Si l'on généralise l'image de la femme, c'est notamment l'esprit qui est le plus mis en évidence. Celui-ci est entendu comme un esprit intellectuel, comme un ensemble de naturel de l'esprit, de sagesse et de raison, mais aussi comme spirituel. Voltaire poète parle très souvent de l'esprit en toutes variations : il nomme l'*esprit d'une muse*, la *clarté* de l'esprit, l'*esprit fort et d'appas*, mais aussi *libre* et *hardi*, *sage*, et tout de même *séduisant*. Il évoque la supériorité par rapport aux hommes de l'*esprit brillant* féminin, *beau*, formé par la lecture, *volage*, *sublime* qui dépasse celui de lui-même.

Dans sa thèse, Patricia Ménissier montre que dans la correspondance, qui contient de nombreux vers, le poète accentue aussi le côté spirituel de la femme : l'imagination, l'humour, l'ironie, la légèreté, la vivacité sont les appas mis en évidence ; et ceux-ci, en combinaison avec l'esprit critique, la justesse de l'esprit et l'absence des préjugés aide à éduquer l'âme[144].

Entre les années 1735 et 1749, Voltaire écrit des vers à Madame du Châtelet et souligne la hauteur de son esprit en combinaison avec sa beauté:

> Penser avec solidité,
> Et d'un style brillant et sage,
> Oser écrire avec courage
> Ce que le génie a dicté,
> Etre femme, avoir en partage
> Et la grandeur et la beauté,
> Sans être vaine ni volage :
> Sur les hommes, en vérité,
> C'est avoir par trop d'avantage.[145]

[144] Cf. Patricia Ménissier, op. cit., pp. 197.
[145] Voltaire, « Vers écrits à la marge d´un manuscrit de Madame du Châtelet sur Newton », 1735-1749, *Œuvres complètes*, tôme 10, p. 522.

Et en 1733, dans une lettre à Jacques F. P. de Sade, il donne le portrait d'Emilie comme tel :

> Cette belle âme est une étoffe
> Qu'elle brode en mille façons,
> Son esprit est très philosophe
> Et son cœur aime les pompons.
>
> J'avouerais qu'elle est tyrannique.
> Il faut pour lui faire sa cour,
> Lui parler de métaphysique,
> Quand on voudrait parler d'amour.[146]

Selon ces quelques lignes, Emilie préférerait donc les études aux plaisirs et c'est sans doute la raison pour laquelle ils ont été compagnes aussi longtemps.

On constate donc que c'est toujours la combinaison au moins de l'esprit et du cœur ou de l'esprit et de la beauté qu'il évoque, mais l'idéal c'est la coexistence entre l'esprit, la bonté du cœur et la beauté. Et c'est surtout dans Emilie qu'il retrouve ces trois qualités unies :

> A vous qu'il est si doux et de voir et d'entendre,
> Qui remplissez si bien mon esprit et mon coeur,
> Qui savez tout penser, tout dire et tout comprendre,
> Vous dont l'esprit sublime et dont l'amitié tendre
> Fait mon étonnement ainsi que mon bonheur.[147]

Sa compagne éclairée qui sait « tout penser, tout dire et tout comprendre » est montrée dans d'autres de ses vers comme une femme ayant l'imagination toujours juste et fleurie, une vive et sublime raison et

---

[146] Voltaire, lettre à Jacques François de Sade, D 649.

[147] Voltaire, « A Madame la marquise du Châtelet, en lui présentant un de ses ouvrages », 1733-1749, M, XXXII, 413.

dépassant en cela le poète. Il la révère précisément pour son génie, sa délicatesse, pour sa vive et sublime raison.

Si l'on veut hiérarchiser ces trois qualités féminines, ce sont d'abord les capacités intellectuelles, ensuite la bonté et enfin la beauté qui comptent le plus chez une femme. La combinaison des trois serait l'idéal, mais si cela n'est pas donné, c'est l'union de l'esprit (intellectuel ou spirituel) et de la bonté qu'il préfère voir chez l'autre sexe.

> L'esprit, l'imagination,
> Les grâces, la philosophie,
> L'amour du vrai, le goût du bon,
> Avec un peu de fantaisie;
> Assez solide en amitié,
> Dans tout le reste un peu légère:
> Voilà, je crois, sans vous déplaire,
> Votre portrait fait à moitié.[148]

Ou bien c'est la combinaison d'esprit et de beauté qui impressionne Voltaire, l'image de la belle philosophe. En la marquise du Deffand, il aime « sa beauté, [...] son esprit [et qu'elle] se moque de l'esclavage de tous ceux qu'elle assujettit [...] Cette image est trop révoltante ; / Je crois qu'on la peut définir / *Une adorable indifférente / Faisant du bien pour son plaisir* »[149].

Les femmes de la haute société parisienne incarnent les trois qualités réclamées par le poète Voltaire : l'esprit, la bonté et la beauté, cela peut éduquer l'âme :

> Auteurs mieux élevés, fêtez dans vos écrits
> Les dames de Versailles et celles de Paris.
> Étudiez leur goût: vous trouverez chez elles

[148] Voltaire, « Portrait de Madame de Saint-Julien », 1766-1773, M, X, 585-586.
[149] Voltaire, lettre à la marquise du Deffand, D 16320.

De l'esprit sans effort, des grâces naturelles,
De l'art de converser les naïves douceurs,
L'honnête liberté qui réforma nos moeurs,
Et tous ces agréments que souvent Polymnie
Dédaigna d'accorder aux hommes de génie.
Ne connaissez-vous point une femme de bien,
Aimable en ses propos, décente en son maintien,
Belle sans être vaine, instruite, et pourtant sage?
Elle n'est pas pour vous; mais briguez son suffrage.[150]

Voltaire n´a pas un type féminin concret. Il ne précise pas un ensemble de caractéristiques qu'il admire chez le sexe féminin, mais on a essayé de dégager ses préférences. Et celles-ci ne changent pas explicitement avec l'âge. Il garde toute sa vie durant l'idéal de la femme surtout savante, mais aussi bonne et belle.

[150] Voltaire, « Epître à Monsieur de La Harpe », 1770, M, X, 409.

4. AMOUR ET AMITIÉ DANS LA POÉSIE DE VOLTAIRE

> Mon système est celui d'Ovide,
> Et l'amour le sujet et l'âme de mes vers.[151]

Ces vers de Voltaire donnent envie de faire une analyse de l'amour dans sa poésie personnelle. Et, si déjà on s'occupe du côté sentimental, il est évident de faire également des réfléxions sur le rôle de l'amitié pour le poète. Evidemment, quand on parlera d'amour ou d'amitié, il sera question des sentiments que Voltaire a envers des femmes.

Dans ce chapitre il sera alors question de la différence que Voltaire fait entre les sentiments de l'amour et de l'amitié. Y a-t-il une différence pour le poète et quels sont les attributs qui constituent cette différence ? Je me demande également, en lisant sa poésie, si Voltaire est cohérent en sa conception de ces deux sentiments. Y a-t-il des contradictions ? Il est aussi intéressant de voir à quel sentiment il donne sa préférence, s'il en a ? Est-ce le temps qui change l'amour en amitié ? Est-ce qu'il ne s'agit que de différents degrés d'un seul sentiment ?

Après une remarque sur l'évolution de la valeur de l'amour au XVIIIème siècle, je commencerai par résumer les définitions que Voltaire donne des deux sentiments, surtout dans son œuvre en prose.

4.1. L'amour dans l'œuvre de Voltaire

Le siècle des Lumières n´est pas seulement caractérisé par la raison. C'est aussi le sentiment qui intéresse les gens cultivés. Le mot *amour* a subi une évolution sémantique et progressivement augmenté sa valeur

[151] Voltaire, « A Uranie » ['Qu'un autre vous enseigne, ô ma chère Uranie'], 1734, Œuvres complètes, tome 14, pp. 528-530.

émotive. Ce sentiment de celui qui aime, lié au cœur, est entendu au XVIIème siècle comme suspect à cause de son sens érotique. Au XVIIIème siècle, l'amour érotique s'intègre à l'amour-amitié dans le mariage et dans toute l'Europe la conception de l'amour conjugal s'enrichit. C'est surtout dans la deuxième moitié du siècle que la noblesse qui prétend être éclairée exprime ses sentiments.[152]

Que Voltaire se soit exprimé en vers sur l'amour et sur l'amitié, n´étonne pas dans son siècle.

> Une évolution sensible a marqué, pendant la [...] période 1750 – 1778 la façon de parler d'amour en vers. Tous les poètes du XVIIIe siècle ont traité ce thème, peut-être le plus conventionnel de tous.[153]

Mais avant de parler des vers sentimentaux du poète Voltaire, j´aimerais donner quelques informations sur la conception qu'il a, surtout en prose, des deux sentiments.

Dans le *Dictionnaire de la pensée de Voltaire par lui-même*[154] on retrouve un Voltaire qui se rapproche du thème de l'amour :

> Il y a tant de sortes d'amour qu'on ne sait à qui s'adresser pour le définir. On nomme hardiment *amour* un caprice de quelques jours, une liaison sans attachement, un sentiment sans estime, des simagrées de sigisbée, une froide habitude, une fantaisie romanesque, un goût suivi d'un prompt dégoût : on donne ce nom à mille chimères.[155]

Il fait la distinction entre l'amour de Dieu, l'amour-propre (« un instinct profond »[156]) et l'odieux amour socratique.

---

[152] Marcel Bernes, art. « Amour », in *Dictionnaire européen des Lumières*, op. cit., pp. 68/69.

[153] Robert Mauzi et Sylvain Menant, *Le XVIIIe siècle*, II (1750 – 1778), Paris, Arthaud, 1977, p. 106.

[154] qui contient des articles du *Dictionnaire philosophique* ou des *Questions sur l'Encyclopédie*.

[155] Voltaire, *Dictionnaire de la pensée de Voltaire par lui-même*, op. cit., p. 72.

[156] Anne Soprani, art. « Amour », in *Inventaire Voltaire*, op. cit., p. 55.

Il est intéressant de voir comment Voltaire est favorable à l'amour-propre, un mélange des deux opposés au XVIIIème siècle : d'amour de soi bénéfique et d'amour propre associé à la vanité et à l'égoïsme. D'une part, il écrit en vers que « [t]outes les passions s'éteignent avec l'âge ; / L'amour-propre ne meurt jamais. / Ce flatteur est tyran, redoutez ses attraits / Et vivez avec lui sans être en esclavage »[157], mais d'autre part, il voit en l'amour-propre « un des moteurs de la vie en société, du progrès et de la civilisation, une des données fondamentales de la nature, sans laquelle on ne peut comprendre l'homme »[158] ; et il écrit dans le *Dictionnaire philosophique* : « il ressemble à l'instrument de la perpétuation de l'espèce : il nous est nécessaire, il nous est cher, il nous fait plaisir, et il nous faut le cacher »[159]. Aussi se reflète la problématique de son siècle dans le Vème discours du *Discours en vers sur l'homme* :

> Chez de sombres dévots, l'amour-propre est damné ;
> C'est l'ennemi de l'homme, aux enfers il est né.
> Vous vous trompez, ingrat ; c'est un don de Dieu même.
> Tout amour vient du ciel : Dieu nous chérit, il s'aime ;
> Nous nous aimons dans nous, dans nos biens, dans nos fils,
> Dans nos concitoyens, surtout dans nos amis :
> Cet amour nécessaire est l'âme de notre âme.[160]

Il est fort probable qu'il ait appris en Angleterre, de Shaftesbury, que l'amour et la passion pour soi-mêmes favorisent le bien-être de la société.

Or, le poète fait des réfléxions sur l'amour en général. Sans donner une définition précise, que probablement aucun être humain pourrait donner, bien qu' *amor omnibus idem*[161] (l'amour est le même pour tous), le poète nous parle de l'amour, de cette matière peu philosophique, auquel on peut se livrer dans tous les temps. Son amour est naturel, lié à la jouissance et au plaisir.

---

[157] Voltaire cité par Jean Goulemot, art. « Amour-propre », in *Inventaire Voltaire*, op. cit., p. 57.
[158] Ibid..
[159] Voltaire, *Dictionnaire philosophique*, op. cit., tôme 1, p. 336.
[160] J. Goulemot, op. cit., p. 57.
[161] Virgile cité par Voltaire, *Dictionnaire philosophique*, op. cit., p. 232.

Il évoque le côté charnel de l'amour. « Il faut ici recourir au physique, c'est l'étoffe de la nature que l'imagination a brodée. »[162] La base de l'amour est ici surtout le plaisir corporel. La supériorité de l'amour humain envers celui des animaux, consiste en le plaisir qu'il éprouve ; c'est seulement l'homme qui connaît les embrassements et tout son corps est sensible et rempli de volupté, car c'est le sentiment le plus fort touchant tête, cœur et corps. Pour l'homme, après le plaisir sexuel, l'appétit n´est pas autant satisfait que chez les animaux, où « tout est éteint ». Les humains ont perfectionné l'amour : il est accompagné d'amitié, d'estime, des talents du cœur et de l'esprit, et de l'amour-propre qui, par le soin et la propreté de soi-même, « augmente le plaisir du tact, et l'attention sur sa santé rend les organes de la volupté plus sensibles »[163]. Si les animaux ne connaissent pas la jouissance, ils ne ressentent non plus la jalousie. En se moquant du *meilleur des mondes possibles* de Leibniz, il parle du chagrin de la syphilis, une maladie vénérienne dont seuls les êtres humains peuvent souffrir, comme contradiction de la nature.

Mais l'amour n´est pas seulement physique. Pour finir son article, il donne l'exemple du sentiment entre Héloïse et Abélard qui persiste au-delà des limites sociales et corporelles, car elle l'aime comme moine castré. Et c'est ainsi que Voltaire explique ce fait, en évoquant le rôle de l'imagination :

> L'imagination aide le cœur. On se plaît encore à table quoiqu'on n´y mange plus. Est-ce de l'amour ? est-ce un simple souvenir ? est-ce de l'amitié ? C'est un je ne sais quoi composé de tout cela. [...] Une femme ne peut guère se prendre de passion pour un eunuque ; mais elle peut conserver sa passion pour son amant devenu eunuque, pourvu qu'il soit encore aimable. Il n´ en est pas de même, mesdames, pour un amant qui a vieilli dans le service. L'extérieur ne subsiste plus; les rides effrayent ; les sourcils blanchis rebutent ; les dents perdues dégoûtent ; les infirmités éloignent, tout ce qu'on peut

[162] Voltaire, *Dictionnaire philosophique*, op. cit., p. 232.
[163] Ibid., p. 325.

> faire, c'est d'avoir la vertu d'être garde-malade, et de supporter ce qu'on a aimé. C'est ensevelir la mort.[164]

Cette vision pessimiste de l'amour charnel dans l'âge se retrouve également dans la poésie du poète. Il est clair que, quand il rédige l'article sur l'amour, il ne compte plus parmi les plus jeunes et, étant donné son âge avancé[165], cette vision me semble tout à fait naturelle. Pourtant, il existe des témoignages où Voltaire s'exprime de façon similaire lorsqu'il est largement plus jeune. « Vous me faites sentir que l'amitié est d'un prix plus estimable mille fois que l'amour. *Il me semble même que je ne suis point du tout fait pour les passions.* Je trouve qu'il y a en moi du ridicule à aimer »[166], écrit-il en 1719 à la marquise de Mimeure ; certes, après une déception amoureuse, mais, au fond, avec le temps, cette vision est de plus en plus fréquente chez le poète. Dans la même année il s'exprime également ainsi : « Mes organes lassés sonts morts pour les plaisirs ; / Mon cœur est étonné de se voir sans désir »[167].

Je me demande alors, qu'est-ce qui différencie, pour le poète Voltaire, l'amour au sentiment de l'amitié, et cette différence est-elle liée seulement au temps ou y a-t-il d'autres facteurs encore ? Et peut-on reconnaître l'amour dans ses poèmes ou est-il vraiment incapable de ressentir un amour profond, comme le résume Casimire de Hanicka-Zulawska :

> Voltaire, s'il savait être un ami, et un excellent ami, était peu capable de sentir une véritable et profonde passion. Ni son amour presqu'enfantin pour la belle « Pimpette », ni celui, plus sérieux, pour la marquise de Villars, ou pour « la petite de Livry », ni celui qu'il témoigne à la célèbre Lecouvreur, s'ils ont le caractère d'un sentiment tendre, d'une sympathie sincère qui produit l'amitié, ils ne se

---

[164] Voltaire, art. « Amour », in *Dictionnaire de la pensée de Voltaire par lui-même*, op. cit., p. 74.
[165] il écrit l'article en 1770.
[166] Voltaire cité par C. de Hanicka-Zulawska, op. cit., p. 18.
[167] Voltaire cité par Geneviève Haroche-Bouzinac, *Voltaire dans ses lettres de jeunesse, 1711-1733. La formation d'un épistolier au XVIIIème siècle*, Paris, Klienksieck, 1992, p. 248.

> ressentent pas d'une passion envahissante, laissant des plaies ou des traces qui ne s'effacent plus.[168]

De ses relations amoureuses c'est dans le premier chapitre qu'on a parlé. Il est plutôt un « amant volage », sans être un libertin vaniteux.

> Ecrivant ses amours, Voltaire paraît incertain, comme en retrait. Il s'abandonn[e] volontiers à ce sentiment, en s'attachant, dans sa propre vie, à sortir d'une dissipation mondaine pour s'engager dans une quête plus philosophique du bonheur [169]

peut-on lire dans l'*Inventaire Voltaire*. Comme on l'a vu auparavant, il a été riche en expériences amoureuses, ayant connu des relations très variées avec des femmes, qui vont du plaisir à la passion. Il vit, entre autres, un amour aimable avec Madame de Bernières, un amour infidèle avec Madame Livry, un amour voluptueux avec Madame de Rupelmonde, une communion d'esprit avec Madame du Châtelet, un amour humain, naturel, conservateur et consolateur avec Madame Denis. Etant un défenseur de l'amour, en estimant que celui-ci réhabilite la nature humaine, il construit un Temple poétique à l'Amour que l'on trouve dans le IXème chant de *La Henriade*. A l'âge de 56 ans, il a tendance à se moquer de l'amour, « l'amour, le consolateur du genre humain, le conservateur de l'univers, [...] âme de tous les êtres sensibles » dans *Candide* : « [J]e l'ai connu cet amour, ce souverain des cœurs, cette âme de notre âme; il ne m'a jamais valu qu'un baiser et vingt coups de pied au cul »[170].

Dans l'amour, Voltaire montre aussi son côté sensible. Tout comme réfléchissant sur ses amour vécus, il en fait une analyse réelle en disant : « C'est le moral de l'amour qui rend cette passion si dangereuse »[171]. En l'amour seulement se mélangent la sensibilité et le libertinage de Voltaire. On peut commenter ce fait ainsi :

---

[168] C. de Hanicka-Zulawska, op. cit., p. 18.
[169] A. Soprani, art. « Amour », in *Inventaire Voltaire,* op. cit., p. 55.
[170] Voltaire, *Candide*, in *Œuvres complètes*, chap. 4, tôme 48, p. 130.
[171] Voltaire cité par Robert Mauzi et Sylvain Menant, op. cit., p. 71.

> L'âme sensible et le libertin s'attirent réciproquement : le libertin présente la séduction d'un savoir inaccessible à l'âme sensible, vouée à s'ignorer elle-même ; l'âme sensible fascine le libertin parce qu'elle représente pour lui la résurrection de la sensibilité. Il pressent en elle le moyen d'échapper à la destinée du plaisir, qui au-delà d'un seuil mystérieux s'éteint dans la léthargie ou se convertit en souffrance.[172]

Et de même : « C'est dans l'amour que ce « sensualisme mixte » trouve sa plus parfaite illustration »[173]. Robert Mauzi et Sylvain Menant montrent que l'amour sensible et libertin à la fois est entendu comme le sentiment prestigé, car il n´est pas purement physique, mais il naît du plaisir, et est lié avec l'amité, la vertu et une générosité sublime. En catalyseur il rend l'âme plus complète, et les effets qui accompagnent l'amour – désirés ou indésirés – ne sont que des accessoires.

La légitimité de l'amour comme un des moteurs de la vie est présentée dans son *Discours en vers sur l'homme*. Il y cite des nombreux types de rapports possibles : il peut représenter une grande passion ou une liaison éphémère, et une définition est, comme on a vu, problématique. Il est difficile de dégager une conception cohérente dans toute l'œuvre de Voltaire.

> L'expression du thème de l'amour dans l'œuvre spécifiquement littéraire de Voltaire est multiple, parce que les contraintes thématiques et stylistiques sont à chaque fois différentes pour la poésie lyrique, la poésie épique, la tragédie, la comédie ou le conte

écrit Daniel Acke. Et encore :

> Plus on descend dans l'échelle des genres, plus Voltaire se fait personnel. Toutefois, les confidences amoureuses dans la poésie sont rares. [174]

---

[172] Ibid., p. 70.
[173] Ibid., p. 71.
[174] D. Acke, art. « Amour », in *Dictionnaire général de Voltaire*, op. cit., p. 36.

Daniel Acke essaye de dégager une conception amoureuse par chaque genre. Il trouve que, dans ses tragédies, l'amour est problématique s'il s'oppose aux structures de la famille. Car l'amour de famille passe toujours devant l'amour individuel. Ces deux sortes d'amour sont tous deux naturels : l'amour individuel relève l'instinct légitime, la loi du père montre la continuité avec les peuples, avec Dieu.

Dans ses contes, la passion des héros est toujours très forte, exclusive et réciproque. Il s'agit d'un amour tendre, d'une rêverie amoureuse, d'un désir érotique ou d'une passion altère.

Il existe de nombreux poèmes de circonstance qui chantent l'amour, soit charnel[175], soit sentimental et solide. Selon sa conception de poésie, il reste pour la plupart discret et pudique, son émotion apparaît à travers la rhétorique et les conventions poétiques d'usage.

4.2. L'amitié dans l'œuvre de Voltaire

Dans le cadre de la procédure de ce travail, il convient de définir le caractère de l'amitié, car une « synthèse » n´est pas tout à fait évidente.

L'amitié prend une grande place dans la vie du poète, peut-être parce qu'elle substitue la famille avec laquelle il ne s'est jamais bien entendu.

René Pomeau est persuadé que Voltaire a une vraie « vocation pour l'amitié »[176]. Il est d'avis que c'est dans l'amitié que l'on retrouve sa sensibilité. Ainsi, il fait vite confiance à des personnes qu'il connaît encore mal et est toujours prêt à aider ses amis. Dans l'amitié, un sentiment pur et supérieur à tous les autres, on aperçoit toutes sortes de nuances qui vont

[175] dans une lettre à Thiériot, en 1722, Voltaire parle d´une visite au bordel (Best. 76).
[176] René Pomeau cité par D. Acke, art. « Amitié », in *Dictionnaire général de Voltaire*, op. cit., p. 34.

« de l'estime et de la complicité philosophique à l'abandon et à la tendresse »[177].

Souvent, dans sa correspondance, il utilise le terme « aimer » dans le sens de « attachement, attaché »[178], par exemple dans son *Epître aux mânes de Génonville* il parle d'un *amour immortel*[179] pour son ami.

« On doit distinguer les amitiés que Voltaire a connues dans sa vie aussi bien que des réflexions sur l'amitié dans son œuvre que du traitement littéraire qu'il assigne à ce thème. Néanmoins, il est difficile de séparer entièrement les différents plans: les amitiés qu'il a connues ont évidemment contribué à façonner sa pensée sur le sujet [...] »[180]. On se demande alors quel est le rôle de l'amitié dans la vie de Voltaire et comment celle-ci a influencé les poèmes. Car il est évident que le poète-philosophe lui accorde une grande attention dans ses œuvres. Il en fait souvent l'éloge et en parle dans *Le Discours des vers sur l'homme*, dans plusieurs pièces de théâtre, dans certains textes de circonstance, dans sa correspondance et, à ne pas oublier, dans *Le Temple de l'Amitié*. A la différence des classiques de son époque qui ne s'en occupent presque pas, à l'exception de La Fontaine.

Si l'on résume son avis sur l'amitié dans ses pensées en prose, on peut dire qu'il l'estime comme un *présent rare et aléatoire du ciel*, un *bienfait des dieux* qui est réservé à une élite. Celle-ci demande un bon caractère, une noblesse morale et une certaine intelligence. Une amitié exige pourtant quelques qualités et circonstances ; c'est pourquoi il faut la nourrir en lui dédiant du temps et en fréquentant la mondanité. Néanmoins, il faut toujours garder une distance respectable. Ce sentiment qui contribue à l'déal de la sagesse doit être réciproce et libre, il ne s'agit pas d'un rapport de force. C'est justement la raison pour laquelle elle est si difficile pour les personnes de haut rang, comme les rois, par exemple.

---

[177] Ibid.
[178] Cf. G. Haroche-Bouzinac, *Voltaire dans ses lettres de jeunesse*, op. cit., p. 250.
[179] Voltaire, « Epître aux mânes de Génonville », 1729, M, X, 265.
[180] Ibid.

L'amitié a des effets bénéfiques, elle rend les rapports plus doux et agréables et est, écrit Voltaire dans une lettre en 1744, la « première de toutes les vertus »[181] ; elle transforme le mal en bien et permet de vivre dans l'autrui. Elle console l'homme vieilli, triste par les malheurs, les méchancetés et les sottises du monde. Pour Voltaire prosateur rien ne pèse autant que l'amitié.

De même selon Madame du Châtelet, c'est plutôt l'amitié qui est « l'une de ses vertus » ; pour Voltaire, qui a le « sens de l'amitié »[182], elle est un besoin réel par lequel est gouvernée sa vie. Ainsi Voltaire, « plus homme de lettres qu'amant »[183], comme le caractérise Sainte-Beuve, en parle souvent dans son œuvre dramatique, philosophique, poétique et dans sa correspondance. Souvent déçu par l'amour, le poète trouve un soutien chaleureux dans l'amitié.

Dans le *Dictionnaire philosophique* il décrit l'amitié, le « mariage de l'âme », avec les mots suivants : « un contrat tacite, [un accord] entre deux personnes sensibles et vertueuses, [entre] deux âmes tendres et honnêtes »[184]. Dans ses *Discours en vers sur l'homme* il montre que « [p]our les cœurs corrompus l'amitié n´est point faite ». Mais ce contrat amical emporte aussi des obligations, car il faut être disponibles pour ses amis. En 1732, il lui construit même explicitement un Temple, *Le Temple de l'Amitié*, pour évoquer l'importance et la religiosité de ce sentiment. Il dédie ces vers à Madame Fontaine-Martel et y souligne la rareté de la véritable amitié. A côté de la liberté, l'amitié est l'une des deux divinités « qui président aux Délices »[185], où il vit avec Madame Denis. Il oppose la vraie à la fausse amitié, ce sentiment des gens parasites, flatteurs, trompeurs et ingrats qui ne sont pas prêts à aider les amis. Dans l'amitié, le plaisir, la tendresse et l'estime se réunissent. C'est un sentiment, fait

---

[181] Voltaire dans une lettre à Vauvenargues en 1744, cité par D. Acke, art. « Amitié », in *Dictionnaire général de Voltaire*, op.cit., p. 34.
[182] A Soprani, art. « Amitié », in *Inventaire Voltaire*, op. cit., p. 53.
[183] Sainte-Beuve cité par C. de Hanicka-Zulawska, op. cit., p. 19.
[184] Voltaire, *Dictionnaire philosophique*, op. cit., pp. 320/321.
[185] D. Acke, art. « Amitié », in *Dictionnaire général de Voltaire*, op. cit., p. 35.

pour les dieux, qui rend heureux, où tout est vrai et simple et où règne la paix. En sa forme parfaite il est comparable à l'amour.

> [...] Mon cœur, ami charmant et sage,
> Au vôtre n'était point lié
> Lorsque j'ai dit qu'à l'Amitié
> Nul mortel rendait hommage.
> Elle a maintenant à sa cour
> Deux cœurs dignes du premier âge :
> Hélas ! le véritable amour
> En a-t-il beaucoup davantage ?[186]

4.3. Amitié et amour dans les vers intimes de Voltaire

> Ah, pour vous voir toujours sans jamais vous déplaire,
> Il faut un cœur plus noble, une âme moins vulgaire,
> Un esprit vrai, sensé, fécond, ingénieux,
> Sans humeur, sans caprice, et surtout vertueux;
> Pour les cœurs corrompus l'amitié n'est point faite.
> O divine amitié! félicité parfaite!
> Seul mouvement de l'âme, où l'excès soit permis,
> Change en biens tous les maux où le ciel m'a soumis.
> Compagne de mes pas dans toutes mes demeures,
> Dans toutes les saisons et dans toutes les heures;
> Sans toi tout homme est seul; il peut, par ton appui,
> Multiplier son être et vivre dans autrui.
> Idole d'un cœur juste, et passion du sage,
> Amitié, que ton nom couronne cet ouvrage;
> Qu'il préside à mes vers, comme il règne en mon cœur;
> Tu m'appris à connaître, à chanter le bonheur.[187]

En lisant ces vers, on pourrait penser que Voltaire centralise la *divine amitié* en excluant l'importance des autres sentiments. Elle fait penser à

---

[186] Voltaire, « Le Temple de l'amitié », 1732, M, IX, 372-375.
[187] Extrait du *Discours en vers sur l'homme* (1737-1738), in *Œuvres complètes*, tome 17, pp. 501-502.

la « divine liaison » de la conception de l'amour de Montaigne, qui, lui, la préfère au « feu téméraire et volage » de l'amour pour une femme[188]. *L'*amitié, *idole d'un cœur juste, et passion du sage*, est le seul porteur de bonheur. Elle règne dans son cœur et l'accompagne toujours partout. Et elle exige certaines qualités du cœur, de l'âme et de l'esprit. Mais, en revanche, ayant un rôle catalyseur, elle permet comme seul sentiment de vivre en permanence dans autrui, sans que cela ne nuise à la félicité. Ce qui fait douter est l'antithèse des expressions *passion du sage* (qui déjà elle-même est antithétique) et *Seul mouvement de l'âme, où l'excès soit permis*. D'une part, le fait de souligner la permission de l'excès et la mention presque ironique de *passion du sage*. C'est là qu'on pourrait soupçonner une déception récente en amour. Mais il pourrait s'agir également d'un amour aristotélique, d'une « caritas ordinata » qui exclut toute sorte de passion destructive. L'amitié est-elle préférée par le poète par rapport à l'amour, à cause de son effet bénéfique pour la société ? Est-elle un amour cartésien, une « émotion de l'âme, causée par le mouvement des esprits, qui l'incite à se joindre de volonté aux objets qui paroissent luy estre convenables »[189] ? Ou bien est-elle seulement une protection contre les maux du cœur ? Ces prochains vers vont également dans cette direction :

> L'amitié jamais ne s'altère,
> Elle rend sagement heureux.
> Sans emportement, sans mistère,
> L'amour auroit plus de quoy plaire,
> Mais c'est un fou trop dangereux :
> On à des moments di fâcheux
> Avec gens de ce caratère ![190]

Puisque l'amour est dangereux, l'amitié, qui reste toujours égale, rend plus heureux, bien que l'*amour auroit plus de quoy plaire* ! Voilà une autre preuve que l'amour est le sentiment supérieur à l'amitié. Mais comme il est

---

[188] Cf. A. Schöpf, art. « Liebe », in *Historisches Wörterbuch der Philosophie*, tôme V, s.l.d. de Joachim Ritter et Karlfried Gründer, Darmstadt, Wissenschaftliche Buchgesellschaft, 1980, p. 308.
[189] Descartes cité par A. Schöpf, op. cit., p. 304.
[190] Voltaire, lettre à Cideville, 1733, D 645.

limité, contrairement à l'affection, il faut s'en méfier. « L'amour est la folie de l'amitié »[191], écrit Voltaire dans une lettre à Lucilius. L'amitié est sans mystère et sans tension, elle n'est pas destinée à finir, théoriquement elle peut être éternelle. Est-ce donc le temps qui constitue la différence ?

> Ne vous aimez pas trop, c'est moi qui vous en prie;
> C'est le plus sûr moyen de vous aimer toujours:
> Il vaut mieux être amis tout le temps de sa vie,
> Que d'être amants pour quelques jours.[192]

L'amitié qui dure se substitue-t-elle à l'amour qui peut *s'éteindre à tout moment* ? Elle semble plus précieuse à cause de sa plus grande longévité, sa possible éternité. Comme l'amour est plus profond, plus intense, il ne garantit pas la durée. L'amitié, par contre, exige plus de valeurs et est plus stable. Cela montre que le poète entend par amour plutôt l'Eros platonique que la Philia aristotélique. Car s'il le comprendrait comme Shaftesbury, pour lequel Eros et Philia, le beau et le bon, sont la même chose, il n'y aurait pas de quoi souffrire[193].

> Ma flamme est un embrasement
> Que tout allume et renouvelle;
> La vôtre n'est qu'une étincelle
> Prête à s'éteindre à tout moment:
> Quel crime d'aimer faiblement
> Il vaudrait mieux être infidèle[194].

Voltaire se montre ici favorable à l'amour profond et passionné et capable de le ressentir. Un faible amour ne vaut rien pour le poète. Cela explique le recours à l'amitié : un amour passionné, le plus souvent, porte avec lui la déception, le chagrin et la tristesse. Des sentiments que l'amitié

---

[191] Voltaire cité par G. Haroche-Bouzinac, *Voltaire dans ses lettres de jeunesse,* op. cit., p. 234.
[192] Voltaire, « A Mademoiselle de Guise, dans le temps qu´elle devait épouser Monsieur le duc de Richelieu » (extrait), 1734, in *Œuvres complètes*, tôme 14, pp. 507/508.
[193] Cf. A. Schöpf, op. cit., p. 309.
[194] Voltaire, « A Madame la marquise du Châtelet » ['Ma flamme est un embrasement'], 1733-1749, M, XXXII, 414.

ne provoque que rarement. Il vaut mieux ne pas aimer du tout que se livrer en partie à l'amour.

Cela montre que le poète n´a pas un concept hédoniste, passager et superficiel de l'amour, comme on le trouve dans la littérature du rococo[195]. Voltaire n'estime pas un amour uniquement physique, réduit au plaisir, et il dit : « Vos yeux sont beaux, mais votre âme est plus belle »[196].

Les vers suivants font la preuve d'une déception en amour qui rend la suite de ce sentiment aussi amère:

> [...] Le tendre Amour me l'a conté lui-même.
> On me dira que l'Amour est menteur.
> Hélas! je sais qu'il faut qu'on s'en défie:
> Qui mieux que moi connaît sa perfidie?
> Qui souffre plus de sa déloyauté?
> Je ne croirai cet enfant de ma vie[...][197]

Puisqu'il a souffert en amour, il se méfiera toujours de ce sentiment, de même que Julie, dans *Julie ou La nouvelle Héloïse* de Rousseau, croit que la grande passion est un sentiment démoniaque irrésistible. Mais Voltaire n´est pas tout à fait conséquent et, dans d'autres vers, on trouve une opinion qui montre autre chose :

> [...] De tous les dieux le moins volage,
> Les plus tendre et le moins trompeur,
> Louison, c'est l'Amour dans mon cœur. [198]

Il est question d'un cas particulier et pas de l'amour en général. Et ce ne sont que des vers flatteurs, car on ne trouve aucune preuve que Voltaire ait profondément aimé Mademoiselle Gaussin, à laquelle il adresse ces vers. On pourrait penser qu'il s'agit d'une pensée opposée, mais étant donné

[195] Cf. H. Hatzfeld, op. cit., p. 400.
[196] Voltaire cité par P. Brady, op. cit., p. 230.
[197] Voltaire, « Epître à Mademoiselle Lecouvreur », 1723, M, X, 261-262.
[198] Voltaire, « Chanson pour Mademoiselle Gaussin, le jour de sa fête » (extrait), 1731, M, X, 489.

que le poète parle de *son* cœur, il ne l'est pas. Car, en général, la faute de la déception amoureuse ne se trouve pas en lui, qui est capable d'aimer, mais en les autres personnes et en l'Amour lui-même qui ont blessé Voltaire. Il renverse le motif de l'Amour qui heurte pour que l'on aime. Selon sa conception, c'est l'Amour qui heurte de manière négative, c'est pourquoi il l'appelle « menteur ».

D'autre part, quasi comme *remedium amoris*[199], c'est seulement l'amour qui aide à guérir (entre autres de l'amour) :

> [...] Le juste ciel prêt à me secourir,
> Met dans mon cœur une ardeur bienfaisante
> Qu'on nomme amour, exprès pour me guérir.[200]

C'est l'amour qui guérit et qui est la source du vrai bonheur, surtout quand il est réciproque:

> Ainsi que ta beauté
> Ma tendresse est extrême
> Et mon sort enchanté:
> Je te plais et je t'aime.
> Livrons-nous à l'amour,
> Le vrai bonheur le suit;
> Parlons-en tout le jour,
> Et baisons-nous la nuit.[201]

Ces vers mettent en forte évidence l'amour charnel. Il s'agit d'une passion, où on ne voit que la beauté de l'autre et qu'on n'a que l'autre dans la tête. C'est un sentiment quasi obsessif qui laisse oublier tout ce qu'il y a autour, décrit par un Voltaire comme on ne le découvre que très rarement.

---

[199] ce jeu de mots est d'Ovide et le génitif « amoris » signifie soit (remède) *contre* ou *par* amour. Ceci coïncide bien avec le motif renversé de l'Amour heurtant.

[200] Voltaire, « A Madame du Châtelet dans un accès de fièvre » (extrait), 1733-1749, in E. Lizé, *Voltaire, Grimm et la Correspondance littéraire*, *SVEC 180* (1979), p. 89.

[201] Voltaire, « A Madame la marquise du Châtelet » ['Ainsi que ta beauté'], 1733-1749, ibid.

Puisqu'il se livre entièrement à cet amour extrême, il en a peur, craignant surtout le danger du cœur brisé après la déception.

D'autre part, il conseille à Emilie du Châtelet de s'abandonner à l'amour et de négliger les études. Il lui compose le poème suivant :

Qu'un autre vous enseigne, ô ma chère Uranie,
A mesurer la terre, à lire dans les cieux,
Et soumettre à votre génie,
Ce que l'amour soumet au pouvoir de vos yeux.
Pour moi, sans disputer ni du plein ni du vide,
Ce que j'aime est mon univers;
Mon système est celui d'Ovide,
Et l'amour le sujet et l'âme de mes vers.
Ecoutez ses leçons, du pays des chimères,
Souffrez qu'il vous conduise au pays des désirs.
Je vous apprendrai ses mystères;
Heureux, si vous voulez m'apprendre ses plaisirs!
Des Grâces vous avez la figure légère,
D'une muse l'esprit, le cœur d'une bergère,
Un visage charmant, où sans être empruntés,
On voit briller les dons de Flore,
Que le doigt de l'Amour marque de tous côtés,
Quand par un doux souris, il s'embellit encore;
Mais que vous servent tant d'appas?
Quoi! de si belles mains pour toucher un compas,
Ou pour pointer une lunette?
Quoi! des yeux si charmants pour observer le cours
Ou les taches d'une planète?
Non, la main de Vénus est faite
Pour toucher le luth des Amours.
Et deux beaux yeux doivent eux-mêmes
Etre nos astres ici-bas.
Laissez donc là tous les systèmes,
Sources d'erreurs et de débats,
Et choisissant l'Amour pour maître,
Jouissez au lieu de connaître.[202]

[202] Voltaire, « A Uranie » ['Qu'un autre vous enseigne, ô ma chère Uranie'], 1734, *Œuvres complètes*, tome 14, pp. 528-530.

C'est un autre Voltaire qui apparaît derrière ces vers-ci. Lui, pour lequel – on l'a vu dans le chapitre précédent – l'esprit et les capacités intellectuelles sont les éléments les plus importants chez une femme, conseille à sa partenaire de se laisser guider par l'amour. « Quelle science vaut l'amitié »[203] - une phrase qu'on retrouve dans sa correspondance. Que l'amitié soit pour Voltaire plus importante que la science ne nous étonne plus. Mais que le poète rationaliste parle de même pour l'amour ne va pas de soi.

En fait, dans ce poème, il montre une conception d'un amour exclusif : « ce que j´aime est mon univers », dit-il. Il ne veut écrire en vers que sur l'amour, sur un sentiment plein de mystères et de plaisir. Il évoque ici le côté de l'Eros qui règne « au pays des désirs », où « les dons de Flore », les beautés, sont importants.

Souvent, surtout dans sa correspondance, Voltaire parle tendrement aussi avec ses amis. Les termes *amitié / ami* sont remplacés de temps en temps par les expressions *amour / amant*. Cela crée une certaine ambiguité, comme on peut lire dans les vers suivants:

> Et puissent vos amours égaler la durée
> De la pure amitié que mon cœur a pour vous![204]

Cette ambiguité se montre davantage dans ces vers:

> Vous dont l'esprit sublime et dont l'amitié tendre
> Fait mon étonnement ainsi que mon bonheur.[205]

Cette fois, c'est le contraire : c'est son amante qu'il appelle amie. Les vers sont adressés à Madame du Châtelet relativement au début de leur histoire amoureuse. Est-ce qu'il s'agit d'une vision qui s'est formée sa vie durant,

[203] G. Haroche-Bouzinac, « Voltaire à Cirey, poète et philosophe, d´après sa correspondance, 1735-1738 », in *Cirey dans la vie intellectuelle. La réception de Newton en France*, éd. s.l.d. d´Anthony Strugnell, Oxford, Voltaire Foundation, 2001, p. 21.
[204] Voltaire, « A Mademoiselle Lecouvreur », 1710-1729, M, X, 476.
[205] Voltaire, « A Madame la marquise du Châtelet, en lui présentant un de ses ouvrages », 1733-1749, M, XXXII, 413.

grâce à son expérience ? Etant donné son âge d'une quarantaine d'années, souffre-t-il d'une sorte de *midlife crisis* à l'envers ? Tout jeune, il écrivait encore de manière plus superficielle. Il aimait, point.

> Enfin, je vous ai vu, charmant objet que j'aime,
> En cavalier déguisé dans ce jour,
> J'ai crû voir Vénus elle même
> Sous la figure de l'Amour.[206]

Que le temps change tout, montrent ces stances à Emilie, un des plus beaux poèmes de Voltaire :

> Si vous voulez que j'aime encore,
> Rendez-moi l'âge des amours;
> Au crépuscule de mes jours
> Rejoignez, s'il se peut, l'aurore.
> Des beaux lieux où le dieu du vin
> Avec l'Amour tient son empire,
> Le Temps, qui me prend par la main,
> M'avertit que je me retire.
> De son inflexible rigueur
> Tirons au moins quelque avantage.
> Qui n'a pas l'esprit de son âge
> De son âge a tout le malheur.
> Laissons à la belle jeunesse
> Ses folâtres emportements:
> Nous ne vivons que deux moments;
> Qu'il en soit un pour la sagesse.
> Quoi! pour toujours vous me fuyez,
> Tendresse, illusion, folie,
> Dons du ciel, qui me consoliez
> Des amertumes de la vie!
> On meurt deux fois, je le vois bien:
> Cesser d'aimer et d'être aimable,
> C'est une mort insupportable;
> Cesser de vivre, ce n'est rien.
> Ainsi je déplorais la perte
> Des erreurs de mes premiers ans;

[206] Voltaire, lettre à Catherine Olympe du Noyer, D 12.

Et mon âme, aux désirs ouverte,
Regrettait ses égarements.
Du ciel alors daignant descendre,
L'Amitié vint à mon secours;
Elle était peut-être aussi tendre,
Mais moins vive que les Amours.
Touché de sa beauté nouvelle,
Et de sa lumière éclairé,
Je la suivis; mais je pleurai
De ne pouvoir plus suivre qu'elle.[207]

De ces stances, il sera encore question dans le chapitre suivant, lorsqu'on parlera du rôle de l'âge dans la poésie voltairienne. Ce qu'il faut dégager maintenant, c'est la différence entre amour et amitié et la place qu'ils occupent dans sa poésie.

Résumons ces derniers 36 vers: On peut en conclure une thèse. L'amour est lié à l'âge. C'est un sentiment que l'on peut vivre dans la jeunesse. Il porte avec lui les *dons du* ciel: la *tendresse*, l'*illusion* et la *folie*. Dans l'âge on arrive à comprendre ces égarements. L'amour est un sentiment qui console les jeunes gens, mais qui fuit dans l'âge, car on comprend son côté illusoire. On ne vit que pour aimer et si l'on ne le peut plus, on est comme mort, on n'a plus de raison pour vivre. On aime ces folies, ces illusions. Paragoné à la mort de l'amour, la « vraie » mort humaine ne compte plus rien. On est mort quand on cesse de se faire des illusions, de croire en l'amour. Les désirs de l'âme ne peuvent pas se réaliser à l'infini et on arrive à regretter d'avoir mal vécu l'amour. On le regrette à l'âge, même s'il s'agit d'un sentiment à longs termes peu satisfaisant. Voltaire regrette les égarements de l'amour vécu dans sa jeunesse. La divine amitié, entendue dans le sens de *Philia*, vient donner son secours à l'âge. Elle remplace l'amour folâtre. Si l'amitié rend plus beaux les autres plaisirs de la vie, l'amour exige un savant dosage et une distance respectée. Il n'est pas rare qu'à force de se voir trop on est saturé l'un de l'autre. Si l'amitié remplace l'amour, c'est la vivacité qui se perd

[207] Voltaire, « Stances à Madame du Châtelet », 1741, M, VIII, 512-513.

dans la relation. Le poète regrette le manque de l'amour. Car l'amitié ne le remplace pas de façon satisfaisante. Elle est « peut-être aussi tendre », dit il en s'intéressant à ce nouveau sentiment qu'il trouve beau et lumineux. Mais il est conscient qu'au fond il n'est qu'un compromis qu'il doit accepter comme consolation. « Ce genre d'amitié est issu du mariage d'Eros et du Temps »[208], explique Jean Weisgerber cette « émotion contenue, jamais étalée ».

Pour montrer l'importance de l'amour pour le poète, on analysera, pour finir ce chapitre, son épître, intitulée *A Uranie*. C'est là qu'on rencontre un poète sensible et amoureux, un Voltaire que peu de gens ont eu l'occasion de connaître:

> Je vous adore, ô ma chère Uranie ;
> Pourquoi si tard m'avez-vous enflammé ?
> Qu'ai-je donc fait des beaux jours de ma vie ?
> Ils sont perdus ; je n'avais point aimé. [...]
> Je n'embrassai que l'ombre des plaisirs.
> Non, les baisers des plus tendres maîtresses,
> Non, ces moments comptés par cent caresses,
> Moments si doux et si voluptueux,
> Ne valent pas un regard de tes yeux.
> Je n'ai vécu que du jour où ton âme
> M'a pénétré de ta divine flamme ;
> Que de ce jour, où, livré tout à toi,
> Le monde entier a disparu pour moi. [...]
> Trop fortuné, j'aime ce que j'admire. [...]
> Vous, Uranie, idole de mon cœur [...][209]

Dans cette épître, Voltaire se montre sincèrement amoureux. Il écrit, un an après le commencement de leur relation amoureuse, qu'avant de connaître *Emilie-Uranie* ou *Emilie-déesse*, il n'avait jamais vraiment aimé. Et sans cet amour, il a l'impression de ne pas avoir vécu. Il est entièrement à elle et tout le reste a perdu son importance. C'est un amour exclusif, un

[208] Jean Weisgerber, « Voltaire et la poésie rococo », in *Europe 781*, mai 1994, p. 130.
[209] Voltaire, « A Uranie », 1734, *Œuvres complètes*, tôme 14, pp. 526-527.

amour-Eros que l'on voit. Ici se montre le côté physique de l'amour: le poète évoque en amoureux sensuel les baisers et les caresses qu'il a échangé avec les maîtresses qu'il a connues avant de rencontrer Emilie. Dans cette epître la notion du temps est liée autrement à l'amour: le poète a l'impression qu'avant d'avoir aimé Emilie il n´avait pas existé. L'amour a réglé son temps. C'est à partir du commencement de ce sentiment que le temps et la vie ont initiés à exister et ont pris de l'importance.

Pour conclure ce chapitre, il faut rappeler l'importance que l'amour a pour le poète Voltaire. L'amitié n´est qu'une consolation d'un sentiment plus profond, mais moins vivable. Lié à l'âge, l'amour n´est plus possible dans la vieillesse. C'est là que le poète recourt à un compromis et qu'il commence à estimer l'amitié-Philia, moins passionnée, mais plus adéquate à un certain âge. L'amitié est plus stable, elle n´a pas de hauts et de bas. Elle est dominée par la sagesse et la tempérance. On retrouve déjà chez le jeune Voltaire une affinité pour l'amitié, mais il ne la vit pas aussi profondément que l'amour. Elle est moins exprimée, mais elle existe déjà dans son esprit.

Pour être heureux à la longue, l'amitié est le sentiment le plus adéquat. Pour être heureux en un ou plusieurs moments, c'est l'amour, car il est plus profond.

5. LE PROBLÈME DE L'ÂGE AVANCÉ : jeunesse versus vieillesse

Un des thèmes principaux de la poésie voltairienne est la question de l'âge. Le poète en parle très souvent, même lorsqu'il est encore jeune. Il compare la jeunesse avec la vieillesse, et il le fait également en termes métaphoriques : ainsi le printemps et l'automne, l'aurore et le crépuscule sont opposés de manière très évidente. Les limites entre ces deux états sont extrèmement strictes : soit on est vieux, soit on est jeune ; mais il manque le développement d'un âge à l'autre. Le poète ne parle guère d'un état entre ces deux positions, et quand il le fait c'est pour évoquer la vieillesse quasi approchée, se trouvant juste devant la porte. *Tempus fugit* – c'est le motif virgilien dont Voltaire se sert périodiquement, un thème central de sa vision de la vie. Et avec ce temps qui s'envole, la qualité de vie s'en va également. C'est ce dont il sera question dans ce chapitre[210].

Le poème dans lequel Voltaire exprime de manière très évidente le problème de l'âge, sont les stances à Madame du Châtelet. Raph Arthur Nablow commente la qualité de ce « delicate poetic masterpiece » de la manière suivante : « In this sensitive and beautifully poetic expression of time-worn themes Voltaire is not unworthy of comparison with Ronsard and the French romantic poets »[211]. Le poète s'y manifeste une nostalgie vers la jeunesse, une volonté de pouvoir revivre les moments heureux qu'on arrive à vivre seulement dans la jeunesse.

> Si vous voulez que j'aime encore,
> Rendez-moi l'âge des amours;
> Au crépuscule de mes jours
> Rejoignez, s'il se peut, l'aurore.
> Des beaux lieux où le dieu du vin
> Avec l'Amour tient son empire,
> Le Temps, qui me prend par la main,

[210] Pour faciliter la lecture, nous nous permettons de citer dans ce chapitre quelques poèmes en entier.
[211] R. A Nablow, « Some reflections on Voltaire´s poetic imagery», in *Romanic Review*

M'avertit que je me retire.
De son inflexible rigueur
Tirons au moins quelque avantage.
Qui n'a pas l'esprit de son âge
De son âge a tout le malheur.
Laissons à la belle jeunesse
Ses folâtres emportements:
Nous ne vivons que deux moments;
Qu'il en soit un pour la sagesse.
Quoi! pour toujours vous me fuyez,
Tendresse, illusion, folie,
Dons du ciel, qui me consoliez
Des amertumes de la vie!
On meurt deux fois, je le vois bien:
Cesser d'aimer et d'être aimable,
C'est une mort insupportable;
Cesser de vivre, ce n'est rien.
Ainsi je déplorais la perte
Des erreurs de mes premiers ans;
Et mon âme, aux désirs ouverte,
Regrettait ses égarements.
Du ciel alors daignant descendre,
L'Amitié vint à mon secours;
Elle était peut-être aussi tendre,
Mais moins vive que les Amours.
Touché de sa beauté nouvelle,
Et de sa lumière éclairé,
Je la suivis; mais je pleurai
De ne pouvoir plus suivre qu'elle.[212]

Le printemps de la vie, « l'aurore », est caractérisé par l'amusement, les excès, le vin, les beaux lieux. C'est là que règne l'amour. C'est là qu'on vit plusieurs amours. Le fait qu'il parle de plusieurs amours peut être un indice pour la corporalité, pour le côté charnel de l'amour.

C'est l'amour érotique que le poète n´est plus capable de vivre dans l'âge. Il déplore ce manque comme une mort qui est plus insupportable que

[212] Voltaire, « Stances à Madame du Châtelet », 1741, M, VIII, 512-513.

la mort de l'homme entier, car elle n´est que partielle et on s'en rend toujours compte. Quand on est vieux, la vie semble être vide de sens et inutile. C'est la conscience qui constitue cette mort du plaisir, la conscience de ne plus jamais pouvoir aimer. Car on est plus sage, on ne se fait plus d'illusions, on ne fait plus d'erreurs, d'égarements. On a compris l'inconstance, l'approche de la mort, on n´est plus capable de croire en l'éternité. Mais le temps nous avertit tôt et doucement : avec son *inflexible rigueur* il nous prend par main, il avertit de se retirer. La belle jeunesse, folâtre et tendre, fuit pour toujours, elle lui échappe, elle devient irréversible. On n´est plus consolé des amertumes de la vie, car on ne se laisse plus tromper. Le poète déplore ce manque d'illusions et d'erreurs.

Et il ne déplore pas seulement l'impuissance amoureuse, mais aussi la conscience du temps qui s'envole. « Or le passé est un absent qui jamais ne redeviendra présent. [...] De là le bizarre sentiment d'inquiétude et d'insatisfaction que nous laisse ce retour fantasmatique vers le passé »[213], explique Vladimir Jankélévitch.

L'âme de Voltaire est toujours pleine de désirs. Elle est insatisfaite, mais c'est l'amitié qui le console un peu et qui lui vient au secours. Elle vient substituer l'amour, car il n´a plus l'âge d'aimer avec tout son corps, avec l'esprit trompé par les illusions. L'amitié est faite pour l'homme éclairé, sage. Elle lui donne une nouvelle vie, grâce à sa lumière éclairée. Elle est sage, intelligente, plus savante et sans illusions, et c'est la raison pour laquelle elle est plus proche de la vérité. Elle constitue le deuxième moment pour lequel on vit, *le moment pour la sagesse*. Mais elle est moins vive, car on est conscient que le temps nous amènera doucement vers la mort, vers la fin de la vie.

Voltaire, à même pas quarante cinq ans, est mort pour la première fois. Vladimir Jankélévitch parle d'une « ambivalente mélancolie du souvenir, la délectation douce-amère qui à la fois envoûte et attriste notre

---

[213] Vladimir Jankélévitch, *L´Irréversible et la Nostalgie*, Paris, Flammarion, 1974, p. 302.

incorrigible passéisme »[214]. Le poète Voltaire est mort, car il est conscient des illusions que l'amour et donc la vie (car c'est pour l'amour qu'on vit) portent avec eux.

Jankélévitch déclare :

> C'est dans l'expérience du vieillissement que se manifeste le mieux la résistance à la fois « irrésistante » et irrésistible de l'irréversible : modification lente, continue, imperceptible de notre être corporel, le vieillissement n´est à aucun moment assignable ni localisable, mais ce qui est impalpable sur le moment, nous le réalisons après coup par une prise de conscience discontinue.[215]

La différence par rapport à la jeunesse qui se manifeste avec l'âge se montre dans la capacité d'aimer. Le poète qui est conscient de sa mortalité écrit les vers suivants à sa nièce Madame Denis, quand il a une cinquantaine d'années :

> Vous prenez à votre avantage
> Un pauvre mortel tourmenté
> Qui n´a que les maux en partage ;
> Tandis que la vivacité,
> Les agrémens, la volupté
> Sont votre brillant apanage.
> Comme vous je voudrais chanter
> Cet amour qui par vous sait plaire :
> Mais il faudrait se mieux porter
> Pour en parler et pour le faire.[216]

La vieillesse n´a donc *que les maux en partage*, et cela tourmente le poète. Sa jeune maîtresse est équippée de vivacité, d'agréments et de volupté. Cette dernière se perd dans l'âge : l'auteur n´a plus les moyens de

---

[214] Ibid., p. 21.
[215] Ibid., p.9/10.
[216] Voltaire, Lettre à Madame Denis, in *Lettres d´amour de Voltaire à sa nièce*, publ. par Theodore Besterman, Paris, Librairie Plon, 1957, lettre no. 79 (1747), p. 113.

se livrer à l'amour charnel. Il est maladif et peu motivé. Bien qu'il sache que sa nièce-maîtresse qui chante l'amour le lui rend plus agréable. Mais le poète, lui, a « passé l'âge heureux des honnêtes amours »[217], et « la fleur de [s]on bel âge »[218] est surpassée.

> [...] L'amour s'est envolé sur l'aile du bel âge ;
> Mais jamais l'amitié ne fuit le cœur du sage. [...][219]

Voltaire rédige ces vers quand il est âgé d'une trentaine d'années[220]. Il a cette philosophie de vie, influencée peut-être par le rococo, dès très jeune, et il semble qu'elle se réfère plus à la conscience de l'éternel *moriturus*[221] qu'à l'âge réel du poète. Il fait des réflexions sur la mort quand elle est encore loin de vouloir s'approcher de lui[222]. Il s'agit, dans ses réflexions de jeune homme, plutôt de la vieillesse de l'esprit que de celle du corps. L'amitié existe – nous l'avons vu dans le chapitre précédent – pour secourir l'âme et l'esprit vieux, et l'amour n´est pas impossible pour des raisons de manques corporels, mais à cause de l'esprit détrompé.

Quand il est plus âgé, le libertin qu'est Voltaire n´en parle pas de la même façon. A cet âge-là il est d'avis que c'est le corps qui est trop faible pour aimer. Dans son épître à Monsieur Desmahis, « one of Voltaire´s most affecting poems, comparable to an Ronsard ode »[223], il parle du contraste entre jeunesse et vieillesse, visible dans l'incapacité de l'amour charnel.

> Vos jeunes mains cueillent des fleurs
> Dont je n'ai plus que les épines;
> Vous dormez dessous les courtines
> Et des Grâces et des neuf Soeurs;

---

[217] André Magnan, « Le Voltaire inconnu de Jean-Louis Wagnière », in *Infini 25*, printemps 1989, p. 76.
[218] Ibid., p. 63.
[219] Voltaire, « Epître aux mânes de Génonville », 1728, M, X, 265-266.
[220] Cette réflexion à son âge ne surprend pas, car si la femme est ressentie comme vieille dans la période rococo, il va de même pour l´homme.
[221] Cf. G. Boucher, « Voltaire l´antipoète ? », op. cit., p. 422.
[222] Cf. Voltaire, « A M. de Génonville, sur une maladie »,1719, M, X, 246-247. Voltaire y parle de la mort de l´esprit étant plus forte que celle du corps.
[223] R. A. Nablow, « A Study of Voltaire´s lighter verse », in *SVEC CXXVI,* éd. par Theodore Besterman, Oxford, Voltaire Foundation, 1974, p. 173.

Je leur fais encor quelques mines,
Mais vous possédez leurs faveurs.
Tout s'éteint, tout s'use, tout passe:
Je m'affaiblis, et vous croissez;
Mais je descendrai du Parnasse
Content, si vous m'y remplacez.
Je jouis peu, mais j'aime encore;
Je verrai du moins vos amours:
Le crépuscule de mes jours
S'embellira de votre aurore.
Je dirai: Je fus comme vous;
C'est beaucoup me vanter peut-être;
Mais je ne serai point jaloux:
Le plaisir permet-il de l'être?[224]

Voltaire parle de la faiblesse corporelle d'aimer également dans des stances à Madame Lullin. Ainsi il dit qu'avec la décadence du corps, la qualité de vie diminue de même.

[...] Hé quoi! vous êtes étonnée
Qu'au bout de quatre-vingts hivers
Ma muse faible et surannée
Puisse encor fredonner des vers?
Quelquefois un peu de verdure
Rit sous les glaçons de nos champs;
Elle console la nature,
Mais elle sèche en peu de temps.
Un oiseau peut se faire entendre
Après la saison des beaux jours;
Mais sa voix n'a plus rien de tendre,
Il ne chante plus ses amours.
Ainsi je touche encor ma lyre,
Qui n'obéit plus à mes doigts;
Ainsi j'essaye encor ma voix
Au moment même qu'elle expire.[...][225]

---

[224] Voltaire, « Epître à Monsieur Desmahis », 1750, M, X, 356-357.
[225] Voltaire, « Stances à Madame Lullin, de Genève », 1773, M, VIII, 539-540.

De temps en temps, Voltaire commente la perte de la qualité de vie de manière peu « philosophique », peu rationnellle, mais strictement émotive. Quand il dit qu' « [u]n vieux pape est à [s]on avis [f]ort au-dessous d'un jeune page »[226], il se ne réfère point à la valeur, au caractère d'une personne, mais il ne fait que confronter strictement les deux âges. Quand on est vieux, on a perdu toute raison d'être et il ne reste que la mort – de préférence agréable:

> Je voudrais qu'à cet âge
> On sortit de la vie ainsi que d'un banquet
> Remerciant son hôte, et faisant son paquet.[227]

Dans l'*Epître connue sous le nom des vous et des tu*, composée en 1726, Voltaire signale le passage du temps, et cette fois ce n'est pas lui, le personnage principal qui souffre du temps, mais il écrit ce poème pour l'actrice Suzanne de Livry. « Ce contraste-là mettant en relief la fuite du temps, l'approche de la mort et l'envol des plaisirs, l'hédoniste-maladif - qu'était Voltaire en a été obsédé toute sa vie avec une douloureuse acuité »[228], résume Jean Weisgerber.

> Philis, qu'est devenu ce temps
> Où dans un fiacre promenée,
> Sans laquais, sans ajustements,
> De tes grâces seules ornée,
> Contente d'un mauvais soupé
> Que tu changeais en ambrosie,
> Tu te livrais, dans ta folie,
> A l'amant heureux et trompé
> Qui t'avait consacré sa vie?
> Le ciel ne te donnait alors,

[226] Voltaire, lettre à Marie-Elisabeth de Dompierre de Fontaine, marquise de Florian, 1769, Best. 11171.
[227] Voltaire, lettre à Madame du Deffand, 1769, Best. 11135.
[228] Jean Weisgerber, « Voltaire et la poésie rococo », in *Europe 781*, mai 1994, p. 129.

Pour tout rang et pour tous trésors,
Que les agréments de ton âge,
Un coeur tendre, un esprit volage,
Un sein d'albâtre, et de beaux yeux.
Avec tant d'attraits précieux,
Hélas! qui n'eût été friponne?
Tu le fus, objet gracieux;
Et (que l'Amour me le pardonne!)
Tu sais que je t'en aimais mieux.
Ah, madame! que votre vie,
D'honneurs aujourd'hui si remplie,
Diffère de ces doux instants!
Ce large suisse à cheveux blancs,
Qui ment sans cesse à votre porte,
Philis, est l'image du Temps:
On dirait qu'il chasse l'escorte
Des tendres Amours et des Ris;
Sous vos magnifiques lambris
Ces enfants tremblent de paraître.
Hélas! je les ai vus jadis
Entrer chez toi par la fenêtre,
Et se jouer dans ton taudis.
Non, madame, tous ces tapis
Qu'a tissus la Savonnerie,
Ceux que les Persans ont ourdis,
Et toute votre orfévrerie,
Et ces plats si chers que Germain
A gravés de sa main divine,
Et ces cabinets où Martin
A surpassé l'art de la Chine;

Vos vases japonais et blancs,
Toutes ces fragiles merveilles;
Ces deux lustres de diamants
Qui pendent à vos deux oreilles;
Ces riches carcans, ces colliers,
Et cette pompe enchanteresse,
Ne valent pas un des baisers
Que tu donnais dans ta jeunesse.[229]

L'ami de Voltaire, Génonville, et lui se partagent les faveurs de cette actrice. Après le mariage de celle-ci en Angleterre, elle ne veut plus revoir notre poète. Voltaire regrette ce fait et il rappelle la jeunesse de cette femme pour se souvenir de leur amour. Heurté par le comportement de son ancienne maîtresse, il signale le passage du temps en lui montrant que sa beauté n'est que passagère. Il montre la distance agrandie entr'elle et lui en la tutoyant quand il parle des souvenirs de la jeunesse, et en la vouvoyant quand il est question du temps actuel. Son ancienne maîtresse est montée l'échelle sociale et jouit d'un rang supérieur, mais son caractère et son corps ont subi une décadence. Il la vouvoie, car il a l'impression de ne plus la connaître au moment où il écrit ces vers, de lui devoir un respect social, mais en vérité il méprise son développement superficiel. Le tu est adressé à la jeune femme, naturelle et tendre, le vous s'adresse à une dame vieillissante, riche et de haut rang, mais pauvre en valeurs intérieurs.

Dans sa jeunesse, la femme était matériellement pauvre : son fiacre était sans laquais et sans ajustements. Mais à cette époque elle était riche de caractère, ornée de grâces, et contente même d'un mauvais souper. Elle était capable de transformer tout le mal en bien. De même, qu'elle était ornée d'*attraits précieux* : de *beaux yeux*, d'un *sein d'albâtre*, elle avait un *esprit volage* et un *cœur tendre*, elle était friponne et attirante. Mais le temps est en train de chasser la légèreté de la jeunesse. Il vient constamment frapper à sa porte et lui rappelle son passage. Il lui arrache

[229] Voltaire, « Epître connue sous le nom des vous et des tu », 1730, M, X, 269-271.

peu à peu ses amours, étant toujours inflexiblement présent. Toute la richesse et les honneurs de cette comédienne ne valent pas un seul baiser de sa jeunesse.

Cela montre la préciosité fugitive de la jeunesse. A celle-ci est attribuée la folie, l'illusion, les erreurs, les égarements qui consistent en l'amusement, le vin, les beaux lieux. C'est l'empire de L'Amour où l'on vit de façon volage comme un papillon, libre dans ses actions, plein de tourbillons.

Souvent, le poète Voltaire fait allusion au temps qui passe. Le mot « présent » peut ici être interprété de deux manières : Il peut signifier un cadeau ou le temps présent. Le temps, le présent étant un cadeau, il faut se rendre compte du changement dans l'âge. Voltaire le dit d'un ton « simple et naturel ». Il peut le dire de manière plutôt pessimiste, comme dans les vers suivants:

> Ces fleurs dont je vous fais présent
> Sont comme vous fraîches et belles,
> Comme moi, simples, naturelles;
> Mais le temps les fane aisément[230].

...mais il le fait aussi de manière plus charmante. « Les chantres de la beauté féminine pour qui l'amour reste la grande affaire des femmes, courent le risque d'une pensée qui tourne court, lorsque la question du vieillissement et de la vieillesse est abordée »[231], explique Christiane Mervaud. On peut voir ceci dans les vers suivants, adréssés à Madame de Gondrin:

> Gondrin, songez à faire usage,
> Des jours qu'Amour a conservés ;
> C'est pour lui qu'il les a sauvés :

---

[230] Voltaire, « Bouquet à Madame de Boufflers », 1748, M, XXXII, 411. Ces vers font partie d´une longue tradidtion littéraire (cf. Ronsard : »Quand vous serez bien vieille »).
[231] Ch. Mervaud, art. « Femme », in *Dictionnaire général de Voltaire*, op. cit., p. 510.

Il a des droits sur son ouvrage.[232]

Il faut, dit le poète de manière stoïque dans les stances à Madame du Châtelet, s'adapter aux conditions de son âge afin de ne pas devenir trop malheureux. « Qui n´a pas l'esprit de son âge, dit-il, de son âge a tout le malheur »[233]. Weisgerber souligne « l'antithèse implicite étant celle de la passion et de la mort toute proche »[234] et l'on peut dire qu'en passant d'un âge à l'autre on passe de la passion à la souffrance. Tandis que l'on imagine rétrospectivement la jeunesse, on ressent directement la souffrance dans la vieillesse. Dans une lettre, Voltaire parle du compromis que l'on fait dans l'âge :

> Il ne faut pas à notre âge s'imaginer qu'on puisse jouir d'une félicité complète. Il faut une âme bien vive, et cinq sens[235] bien parfaits pour goûter cette espèce de bonheur-là. Mais avec des amis, de la liberté, et de la philosophie, on est aussi bien que notre âge le comporte.[236]

Dans l'âge il faut connaître ses limites. On peut revivre les moments de la jeunesse uniquement dans son imagination. A l'égard des femmes, cela est très galant, car les avances d'un vieil homme n´ont rien de dangereux.

> Des contraires bel assemblage,
> Vous qui, sous l'air d'un papillon,
> Cachez les sentiments d'un sage,
> Revolez de mon ermitage
> A votre brillant tourbillon;
> Allez chercher l'Illusion,

---

[232] Voltaire, « Epître à Madame de Gondrin », 1715, M, X, 228.
[233] Voltaire, « Stances à Madame du Châtelet », op. cit., pp. 512-513.
[234] J. Weisgerber, op. cit., p. 130.
[235] Dans un poème à Madame Du Deffand, Voltaire parle de la perte d´un des cinq sens dans l´âge. Mais il commente le fait que « d´un de nos sens nous sommes dégarnis » comme un avantage dans l´âge, pour ne pas devoir regarder les malheurs du monde. (Voltaire, *A Mme Du Deffand* ['Oui, je perds les deux yeux; vous les avez perdus'], 1764, in *Nouveaux mélanges philosophiques, historiques, critiques, etc. etc.*, op. cit., tome 10, p 349).
[236] Voltaire, M, XXIII, 500.

Compagne heureuse du bel âge;
Que votre imagination,
Toujours forte, toujours légère,
Entre Boufflers et Voisenon
Répande cent traits de lumière;
Que Diane, que les Amours,
Partagent vos nuits et vos jours.
S'il vous reste en ce train de vie,
Dans un temps si bien employé,
Quelques moments pour l'amitié,
Ne m'oubliez pas, je vous prie;
J'aurais encor la fantaisie
D'être au nombre de vos amants:
Je cède ces honneurs charmants
Aux doyens de l'Académie.
Mais quand j'aurai quatre-vingts ans,
Je prétends de ces jeunes gens
Surpasser la galanterie,
S'ils me passent en beaux talents.[237]

Le poète Voltaire souligne à nouveau les avantages de la jeunesse. On y cherche encore l'illusion, on est flexible, volage comme un papillon et passionné comme un tourbillon. On vit profondément, nuit et jour, tandis que, étant plus vieux, on doit se donner corps et âme à la phantasie. C'est tout ce qui reste. Le *train de vie* a mené le poète à la solitude et, dans cet état, c'est l'imagination qui le tient en vie.

L'épître ci-jointe, fait penser à la précédente, car elle aborde le même sujet. Peut-être parce qu'elle est adrésse à la même personne ou parce qu'elle est composée en la même année ?

[...] Pour consoler mes derniers jours
Dans ma solitude profonde.[...]
[...] Demeurez dans mon ermitage,
Et craignez plus les jeunes saints
Que les fleurettes d'un vieux sage. [...][238]

---

[237] Voltaire, « Epître à Madame de Saint-Julien », 1766, M, X, 393-394.

On peut retenir de ces vers que pour Voltaire la vieillesse implique la solitude profonde, l'ermitage et la sagesse. Un *vieux sage* n'y peut faire que des fleurettes, que se servir de son imagination et de son langage. C'est pourquoi il faut profiter de sa jeunesse avant que la mort approche rapidement, il faut jouir du plaisir et de l'amour, car dans la vieillesse il faut s'occuper de son salut :

> [...] Ton coeur est né pour la tendresse,
> C'est ta seule vocation.
> La nuit s'avance avec vitesse;
> Profite de l'éclat du jour:
> Les plaisirs ont leur temps, la sagesse a son tour.
> Dans ta jeunesse fais l'amour,
> Et ton salut dans ta vieillesse.[239]

La mort est ici mis au même plan que la nuit qui *s'avance avec vitesse*. Amour et salut sont mis sur le même rang, ce qui révèle que dans la jeunesse, en se livrant à l'amour, le salut est inclus, mais que, dans l'âge, l'amour s'en va, et pour que le salut reste, il faut agir.

Que l'état de la jeunesse est instable, que tout le monde doit vieillir (et non pas seulement le poète lui-même ou la dame dont il est question dans ses vers), c'est un autre aspect de sa poésie intime. Voltaire décrit, en se servant du thème de l'âge, la condition humaine. Dans les stances sur les désagréments de la vieillesse, il est question du passage du temps :

> Oui, je sais qu'il est doux de voir dans ses jardins
> Ces beaux fruits incarnats et de Perse et d'Épire,
> De savourer en paix la séve de ses vins,
> Et de manger ce qu'on admire.
> J'aime fort un faisan qu'à propos on rôtit;
> De ces perdreaux maillés le fumet seul m'attire;

---

[238] Voltaire, « Epître à Madame de Saint-Julien, née comtesse de la Tour-du-Pin », 1766, M, X, 392-393.
[239] Voltaire, « Epître à une dame un peu mondaine et trop dévote », 1710-1729, M, X, 222-223.

Mais je voudrais encore avoir de l'appétit.
Sur le penchant fleuri de ces fraîches cascades,
Sur ces prés émaillés, dans ces sombres forêts,
Je voudrais bien danser avec quelques dryades;
Mais il faut avoir des jarrets.
J'aime leurs yeux, leur taille, et leurs couleurs vermeilles,
Leurs chants harmonieux, leur sourire enchanteur;
Mais il faudrait avoir des yeux et des oreilles:
On doit s'aller cacher quand on n'a que son coeur.
Vous serez comme moi quand vous aurez mon âge,
Archevêques, abbés, empourprés cardinaux,
Princes, rois, fermiers généraux;
Chacun avec le temps devient tristement sage:
Tous nos plaisirs n'ont qu'un moment.
Hélas! quel est le cours et le but de la vie?
Des fadaises, et le néant.
O Jupiter, tu fis en nous créant
Une froide plaisanterie![240]

Voltaire déplore les plaisirs de la jeunesse. Dans ces stances, il est surtout question des plaisirs corporels : On peut, quand on est jeune, « manger » ce que l'on admire, et ceci quand on veut. On peut savourer les beaux fruits, manger un faisan rôti. On peut entièrement se livrer à l'amour charnel, on a tous les plaisirs de son corps.

La jeunesse, c'est le *penchant fleuri de fraîches cascades*, les *prés émaillés*, le règne de Perse et d'Epire. On y danse, on y chante et on y rit. Le dévouement est réservé pour les sens encore forts dans la jeunesse.

Le poète vieilli *n´a que son cœur* : Le plaisir charnel de la vie ne lui est plus possible. C'est uniquement l'idée qui l'attire encore, mais l'Eros n´est plus présent. La volonté de chasser et de manger un faisan n´est plus donnée. Il n´a plus les sens d'un jeune homme, il est comme tous les hommes, non seulement de sa génération, devenu *tristement sage*.

[240] Voltaire, « Stances. Les désagréments de la vieillesse », avant 1775, M, X, 541.

Tempus fugit. Les moments des plaisirs sont passés, et donc la vie, la « vraie » vie, est terminée. L'être humain en général est une plaisanterie, sans aucun sens. Dans la vision pessimiste de l'auteur, la condition humaine, c'est le néant. Il n´y a ni une raison, ni un but pour vivre.

La qualité de vie lorsque le poète est vieux (et cette fois, il l'est vraiment) est à zero. Il écrit que par rapport à la jeunesse bien vécue, l'âge de la vieillesse est « insupportable » quand on y pense rétrospectivement : « [...] Mais [l'idée de] vieux bel esprit, vieux amant / Vieux chanteur, est insupportable »[241].

Sa vision de la condition humaine a augmenté en pessimisme. Ce n´est plus une vision mélancolique, mais déprimée (et déprimante).

[241] Voltaire cité par R. A. Nablow, « Some reflections on Voltaire´s poetic imagery», op. cit., p. 175.

6. LA CONCEPTION DE LA TEMPORALITÉ DANS LES VERS VOLTARIENS

Dans ce chapitre il sera question de la conception de la temporalité du poète Voltaire. Souvent, les termes de la temporalité, comme *moment*, *inconstance* ou *éternité* surgissent dans ses vers, et il faut se demander si l'idée de la temporalité est cohérente dans sa poésie. Entre ces trois grands thèmes, y a-t-il des contradictions, et comment sont-ils liés ?

Qu'entend-il par *inconstance* ? Quel est le domaine de l'*éternité*, et quels sont les attributs et les implications du *moment* ?

Ce chapitre est consacré à la construction d'un cadre de temporalité, à créer un système dont on trouve implicitement les réponses dans la poésie voltairienne. La procédure sera faite par une division du sujet en trois parties, afin de mieux pouvoir classer les idées de Voltaire.

Je commencerai donc à dégager d'abord la conception voltairienne du moment, ensuite celle de l'inconstance pour finir avec celle de l'éternité.

6.1. Le moment

Dans sa poésie personnelle, Voltaire ne nous donne, comme dans son œuvre en prose, aucun système concret de la temporalité. En général, il mentionne le problème du moment que de manière implicite.

Pour parler du temps qui passe rapidement, du temps fugitif, il évoque des moments du présent, du passé et quelques fois même de l'avenir.

Le moment est un intervalle de temps, étant bref et rapidement surpassé. Il est irréversible, il est donc impossible de pouvoir le revivre, ne soit-ce que dans le souvenir. Les moments se succèdent, ils passent l'un après l'autre et deviennent objets du passé. La question qui se pose est de savoir si la succession de l'ensemble de ces intervalles constitue une durée ou, au contraire, exclut toute sorte de durée. Quand Voltaire parle de moments en les comparant à des marionnettes visibles qui n´ont aucune valeur, on se demande comme lecteur si ce n´est pas une exclusion de la durée.

> [...] Petits papillons d'un moment,
> Invisibles marionnettes,
> Qui volez si rapidement
> De Polichinelle au néant,
> Dites-moi donc ce que vous êtes ! [...][242]

Un moment est volage, il passe de manière tellement rapide qu'il est presque impossible de le saisir, de le constituer dans sa pensée. Avant que l'on soit capable de s'en apercevoir, le présent est déjà devenu une partie de notre passé. Néanmoins, il faut avoir une certaine conscience du moment pour pouvoir s'en rendre compte.

Cette conscience est la raison pour laquelle il faut vivre le présent, le *hic et nunc*. Conscient du passage du temps, il faut vivre l'instant de manière la plus intense possible.

C'est dans le moment qu'on se sent, et la sensation de ce moment est importante. Le fait que Voltaire souligne le *carpe diem*, ou plutôt le *carpe momentum*, implique une vision sensualiste du temps. « Je sens donc je suis », pourrait être son leitmotif : vivre le moment avant qu'il ne soit plus actuel.

Vladimir Jankélévitch caractérise le moment de manière suivante:

> Comme l'Océan dans son ensemble, selon les théoriciens du « mélange total », est modifié par une seule goutte de vin, de même la vie entière est modifiée par l'événement qui est

[242] Voltaire, « Adieux à la vie », 1778, M, X, 602-603.

> survenu un jour et qui fait désormais partie d'une destinée toute différente ; ma vie, à compter de ce jour, est une autre vie, un autre ensemble sériel.[243]

La course rapide du temps est pour Voltaire une perte de temps. On ne gagne pas le présent ou l'avenir, mais on perd le passé.

Chaque événement est lié à un sentiment, ou même chaque événement *est* un sentiment. L'être humain ne peut que sentir, car il lui est impossible de comprendre la création divine. C'est pourquoi il doit constituer une vision du monde en faisant de l'analogie. Le *mortel* est toujours opposé aux dieux ou bien à Dieu. Parce que sa vision est limitée. Voltaire montre alors, quasiment comme dans un exercice de mathématiques, de manière déductive ce qui est le temps. Comme le mortel ne peut à peine comprendre ce qu'est le moment, il doit l'utiliser comme exemple pour un *pars pro toto*, pour une partie qui représente l'éternité. Si on n´a à disposition que peu d'éléments, mais qui sont en leur valeur identiques, on peut les généraliser. Moment + Moment + Moment + ... = Eternité. *Quod erat demonstrandum*. L'influence des sciences naturelles (sûrement à travers Emilie du Châtelet qui confronte Voltaire avec les écrits du physicien anglais Newton) se montre ici clairement.

Même si les valeurs des moments correspondent, le contenu d'un moment, par contre, n´est jamais comme celui d'un autre, parce qu'il est lié à un sentiment d'un individu. C'est la preuve d'un continuel progrès.

L'idée du progrès s'est créée au XVIIIème siècle. La vision du monde est devenue linéaire et a substitué une vision cyclique du monde. Si avant l'on croyait en un passage du temps cyclique qui avait un début et une fin quasi identiques, c'est-à-dire à la même place du cercle de vie, au siècle des Lumières on ne revient plus au point du départ. Le moment irréversible et insurpassable fait partie d'une vision linéaire du monde.

---

[243] V. Jankélévitch, op. cit., p. 199.

Mais l'idée d'un moment comme *pars pro toto*, comme représentant d'une partie de l'éternité, pourrait être une idée cyclique dans une vision linéaire du monde. On agit en analogie dans le monde du progrès où rien n´est égal au passé. Si dans la vie terrestre il y a un début et une fin, et qu'on sort du néant pour y finir[244], on peut peut-être parler d'une vision cyclique du monde. Mais si après la mort, on arrive dans un autre monde, qui est cette fois éternel, s'agit-il d'une vision linéaire de l'autre monde, car la vie au-delà est sans fin... ? Si alors un moment représente une partie de éternité, il est cyclique dans une vision à la fin linéaire. Les proportions entre le moment et le mortel sont égales à celles de l'éternité et des dieux. L'éternité étant une chaîne de moments, contient tous les moments, alors chaque moment contient une partie de l'éternité. C'est contradictoire, c'est Voltaire !

Cette ambivalence est à comparer avec celle de la poésie de Voltaire et Voltaire poète : Voltaire écrit un poème fugitif, un poème de circonstance en sachant bien que la postérité en tiendra compte. Ainsi il écrit à la maréchale de Villars que « l'univers / Peut apprendre un jour dans [s]es vers »[245]. Mais en datant son épître il la rend personnelle, biographique et irréversible. Et avec cela linéaire. Mais en s'adressant à la postérité il la rend en même temps cyclique, car il calcule qu'on ne surpasse pas ses vers, mais qu'ils restent toujours actuels, bien qu'ils soient datés. Les moments fugitifs sont des intervalles que l'homme, le mortel, peut comprendre ; l'éternité n´étant compréhensible que pour les immortels. L'homme naît et meurt. L'espace de temps qu'il peut réellement saisir est entre sa naissance et sa mort. Ce qui vient après est le domaine des dieux. C'est un domaine dont le mortel est conscient qu'il existe, mais il ne peut pas l'interpréter. Et alors il se taît. Au moins, c'est ce que fait Voltaire. L'éternité n´est pas sujet de ses vers.

Ainsi, après la vie il y a la mort et avec celle-ci tout est fini.

---

[244] Cf. Voltaire, lettre à la marquise du Deffand, 1769, Best. 11163.
[245] Voltaire, « Epître à la maréchale de Villars », 1719, M, X, 248.

[...] La nuit s'avance avec vitesse;
Profite de l'éclat du jour: [...][246],

conseille le poète. Il voit la vie comme un « humain séjour »[247], on vit « jusqu'au cercueil »[248] et après cela, l'âme s'envole[249]. Selon Voltaire, « life is ephemeral and insignificant »[250], résume Ralph A. Nablow. Sur l'inutilité de la vie, étant la vie d'un moment, Voltaire s'exprime de la manière suivante:

En éffet, qu'est-ce que la vie ?
C'est un jour. Tel est son destin.
Qu'importe qu'elle soit finie
Vers le soir, ou vers le matin ![251]

Et il explique également :

[...] Du néant tout semble sortir,
Dans le néant tout se replonge.[...][252]

Un autre aspect de la temporalité est l'âge. On en a parlé dans le chapitre précédent. D'une part il y a la jeunesse, de l'autre la vieillesse. Si on ne fait pas attention, « on perd sa jeunesse »[253], « son printemps »[254], presque sans s'en apercevoir. Le moment de la jeunesse est alors terminé, le Temps personifié, « dans sa course rapide [marque] la trace de ses pas »[255] et on se retrouve du coup vieux. C'est pourquoi il faut le vivre, le moment. L'instant, le présent qui « seul est de notre apanage »[256] est le sujet de Voltaire. C'est ce que Jean Weisgerber nomme le

---

[246] Voltaire, « Epître à une dame un peu mondaine et trop dévote », 1710-1729, M, X, 222-223.

[247] Voltaire, « A Madame du Deffand », 1764, *Nouveaux mélanges philosophiques, historiques, critiques, etc. etc.*, op. cit., tôme X, p. 349.
[248] Voltaire, « Epître à la maréchale de Villars », 1719, M, X, 248.
[249] Voltaire, « Epître à Monsieur l'abbé de ***, 1710-1729, M, X, 220-221.
[250] R. A. Nablow, *A Study of Voltaire's lighter verse*, op. cit., p. 177.
[251] Voltaire cité par R. A. Nablow, ibid.
[252] Voltaire, lettre à la marquise du Deffand, 1769, Best. 11163.
[253] Voltaire, « Epître aux mânes de Génonville », 1728, M, X, 265-266.
[254] Ibid.
[255] Voltaire, « Chanson composée pour la marquise de Boufflers », 1748, M, X, 543.
[256] Voltaire, « Epître à Mademoiselle de Lubert », 1732, M, X, 298-299.

« présentisme »[257] de Voltaire. Ce présentisme pourrait être une raison pour « l'esthétique de la brièveté »[258] de Voltaire. Il pratique dans ses vers l'esthétique de la conversation, rapide et briève. *Carpe conversationem, carpe momentum.* Puisque le temps humain est souvent confronté avec le temps des dieux, il convient de parler de l'idée de l'éternité dans la poésie voltairienne.

6.2. L'éternité

Voltaire étant déiste est persuadé que l'homme ne peut pas concevoir le monde entier. L'éternité est alors, comme on l'a dit auparavant, le domaine de Dieu. Mais elle existe, il ne la nie pas en général, seulement dans la vie humaine. C'est pourquoi il parle d'un « humain séjour »[259] après lequel l'âme s'envole. Il parle de « cette vie »[260], ce qui explique qu'il a une ou plusieurs autres, mais qu'elles ne sont pas sujets de ses vers.

Dans une épître il mentionne les « mystères de l'autre monde »:

> [...] De ces plaisirs qui font qu'en cette vie
> On désire assez peu ceux de l'éternité:[...]
> Ce qu'on perd en ce monde-ci,
> Le retrouvera-t-on dans une nuit profonde?
> Des mystères de l'autre monde
> On n'est que trop tôt éclairci.
> Attends qu'à tes amis la mort te réunisse [...][261]

Une vision linéaire du monde s'impose en lisant ces vers. Il compare « ce monde-ci » avec « l'autre monde » dont on ne sait rien, mais « on n´est que trop tôt éclairci ». La mort nous réunit à nos amis, elle nous

[257] J. Weisgerber, op. cit., p. 125.
[258] S. Menant, *L´esthétique de Voltaire*, op.cit., p. 76.
[259] Voltaire, « A Madame du Deffand », 1764, op. cit., p.349.
[260] Voltaire, « Epître à Monsieur l´abbé de *** », 1710-1729, M, X, 220-221.
[261] Ibid.

révèle les secrets du temps et rend notre âme immortelle. L'immortalité existe sûrement, mais elle « [r]este inconnu[e] de nous ».

> [...] Car je ne sais quel sens qu'on nomme âme immortelle,
> Reste inconnu de nous, est vivant chez les morts ;[...][262]

Nous, étant de simples mortels, ne pouvons pas feindre une certaine éternité en nous souvenant de manière fidèle des morts. Dans nos souvenirs nous devenons « vainqueur[s] de la mort et du temps »[263]. Selon Vladimir Jankélévitch le souvenir, souvent mélancolique ou nostalgique, a du charme:

> Le Jadis de la nostalgie est, comme le charme, infiniment lointain, incomplet et cryptique [...] L'homme nostalgique voudrait redonner vie au fantôme du souvenir, compléter cette insuffisance, ressusciter la présence en chair et en os.[264]

Jankélévitch donne également une raison pour le souvenir:

> [...] ce n´est pas en tant qu'il est ceci ou cela, ce n´est pas à cause de son contenu que le passé est objet de nostalgie: le passé est objet de nostalgie parce qu'il est, si médiocre soit-il, notre passé; notre irremplaçable passé.
> [...] [L]e charme est le piège du temps. Il germe dans le présent et fleurit dans le passé.[265]

En même temps, en se rendant compte de l'irréversibilité du temps et en se souvenant, Voltaire crée une vision cyclique du temps.

> Chaque instant de ce mouvement irréversible est à la fois premier et dernier, et par conséquent chaque instant est irrépétable, unique ou « primultime », non pas en ce sens que le suivant dégénérait du précédent, mais en ce sens que le

---

[262] Voltaire, « Epitre aux mânes de Génonville », 1728, M, X, 265-266.
[263] Ibid.
[264] V. Jankélévitch, op. cit., p. 303.
[265] Ibid., p. 304.

> mouvement d'amour n'admet aucune rétroversion sur le passé de l'ego, aucun recourbement sur l'intérêt-propre ; en ce sens que chaque instant d'amour est une initiation à la *vita nova*. « Hic incipit vita nova. » Ici commence le printemps, ici commence et recommence l'éternelle jeunesse.[266]

C'est là une vision d'une éternité limitée : celle-ci n 'existe que dans nos pensées.

Pour les dieux, qui ont la « sagesse éternelle »[267], elle est omniprésente. C'est ce qui différencie les deux mondes, l'une étant marqué pas le temps terrestre, c'est-à-dire l'intervalle entre la naissance et la mort, l'autre allant au-delà. Nous faisons ce « voyage éternel » qu'après notre « séjour de la vie » :

> Je le ferai bientôt ce voyage éternel
> Dont on ne revient point au séjour de la vie [...][268]

L'éternité est la base d'une vision linéaire du monde. Et le moment, comme on l'a vu, peut être considéré comme un signe de l'éternité, quand on l'entend comme une partie qui représente tout, dans la chaîne des moments.

La vision de la durée éternelle est une perte, car pour l'atteindre, on perd sa vie. Et étant mortel, on ne peut pas juger de ce qu'on gagnera après la mort.

6.3. L'inconstance

Le troisième sujet qui concerne la temporalité est celui de l'inconstance. Voltaire est un poète de l'inconstance, et c'est un thème dont

---

266 Ibid., p. 201.
267 Voltaire, « Le pour et le contre », 1722, M, IX, 358-362.
268 Voltaire, « A Monsieur *** », 1760-1778, M, X, 599-600.

plusieurs poètes se servent au XVIIIème siècle. C'est aussi un thème central de la littérature rococo, une valeur souhaitable qui va côte à côte avec l'infidélité dans l'amour, vue comme un événement naturel. Rien n´est stable – et c'est bien, on le désire ainsi. Le poète Boufflers est à situer dans cette tradition avec son *Apologie de l'inconstance*.

Tout est passager dans la vie, on s'en rend compte au plus tard en lisant les vers de Voltaire. A La différence de l'idée de la littérature rococo, Voltaire a pour but l' « inébranlable constance »[269] de l'amour. L'inconstance n´est pas souhaitée par lui, elle n´est qu'un effet indésiré du temps qui passe. Nicole Masson, qui dans sa thèse discute sur quatre pages l'idée du temps dans la poésie de Voltaire[270], résume qu' « on [y] retrouve [...] le thème du temps qui passe et qui en passant change tout »[271].

Les moments s'envolent[272], on « perd la jeunesse »[273], le bel âge s'envole[274]. Toute durée est niée et impossible.

Ici il est sûrement question d'une vision linéaire du monde : Le moment vécu est irréversible, le problème de l'inconstance est présent dans nos esprits.

« Le présent est une combinaison fondante où il n´y a que des variables ; mieux encore : le présent est une constellation toujours changeante et qui dépend de circonstances innombrables »[275], écrit Jankélévitch. L'inconstance est une perte, une perte de valeurs, une perte de toute durée. Tout est limité. Surtout le « séjour de la vie »[276], celui-ce vu

---

[269] Voltaire, « Epître à une dame un peu mondaine et trop dévote », 1710-1729, M, X, 222-223.
[270] Cf. Nicole Masson, *Les petits poèmes de jeunesse de Voltaire*, op. cit., pp. 51-54.
[271] Ibid., p. 51.
[272] Cf. M, XVII, 485.
[273] Voltaire, « Epître aux mânes de Monsieur de Génonville », 1728, M, X, 265-266. Voltaire a ici à peine trente ans !
[274] Ibid.
[275] V. Jankélévitch, op. cit., p. 218.
[276] Voltaire, « A Monsieur *** » , 1760-1778, M, X, 599-600.

par Voltaire comme une « comédie » ou une « farce », se terminant dans « [l]e purgatoire ou le néant »[277]. Où trouve-t-il la durée, si « [t]out change sur la terre et dans le firmament » [278]? Où trouver une stabilité, si en vivant on se livre à l'inconstance ?[279] Le monde représente l'inconstance, l'instabilité, le changement. Tout est passager. parce que le temps est passager. Et puisqu'il passe plus ou moins vite, il prend avec lui toutes les valeurs de stabilité. L'immortalité et l'éternité ne sont compréhensibles que pour les dieux – nous l'avons vu. Tout ce qui est stable pour le poète Voltaire, étant un homme terrestre, ce sont ses vers. « [L]´univers peut apprendre un jour dans mes vers »[280], dit-il.

Son avenir n´existe qu' à travers ses écrits. Lui-même sera mort un jour, mais son œuvre le surpassera en constance.

Puisque Voltaire est conscient de l'inconstance dans le monde, il « désire assez peu [...] de l'éternité »[281]. Il sait que « ce monde-ci »[282] est instable, mais ce qui est stable dans cette instabilité est la mort : elle viendra sûrement un jour, et avec elle il nous est donné la possibilité d'une vie immortelle, d'un changement vers une vie où tout est inchangeable. Où tout reste comme il est – pour l'éternité. Peut-être ?! Ce que l'on sait est que « Chacun est parti du néant »[283], mais où il va, ce n´est qu'un qui le sait : « Dieu le sait »[284], explique le poète.

Avec une naissance qui arrive après le néant, et une vie qui finit par la mort, une certaine constance est donnée : Nous savons ce qui nous attendra, ou plutôt qu'une fin nous attendra. Et même si nous ne savons pas où nous finirons, nous sommes conscients du fait que notre vie est limitée. Mais dans cette limitation, dans cette conscience, ne trouvons-nous pas une idée constante de l'inconstance... ?

---

[277] Voltaire cité par R. A. Nablow, *A Study of Voltaire´s lighter verse*, op. cit., p. 271.
[278] Voltaire, « A Monsieur *** » , 1760-1778, M, X, 599-600.
[279] Cf. Voltaire, « Epître aux mânes de M. de Génonville », 1728, M, X, 265-266.
[280] Voltaire, « Epître à la maréchale de Villars », 1719, M, X, 248.
[281] Voltaire, « Epître à Monsieur l´abbé de *** », 1710-1729, M, X, 220-221.
[282] Ibid.
[283] Voltaire, « Stances à Madame Lullin, de Genève », 1733, M, VII, 539-540.
[284] Ibid.

Nous naissons, nous vivons, [...]
Nous mourrons sans savoir comment[285],

mais nous pouvons être sûrs de la fin. « Voltaire´s attitude towards death is, like that of Montaigne, one stoic acceptance »[286], explique Ralph A. Nablow.

On sent qu'on va passer,
Quand l'âme fuit avec la vie[287]

En fait, Voltaire est conscient, toute sa vie durant, que la vie n´est de courte durée. On vit une « saison de[...] beaux jours »[288], la vie n´est qu'un moment. La jeunesse est terminée « en peu de temps »[289], et après cette courte durée qu'est la vie, on « s'en va dans la nuit éternelle »[290]. La vie est courte, mais après le passage dans l'autre vie on est proche de l'éternité.

« Tout s'éteint, tout s'use, tout passe »[291], dit Voltaire. En fait, « le cours et le but de la vie [sont] [d]es fadaises, et le néant »[292]. L'inconstance ne nous mène à rien. La vie étant passagère ne sert à rien. Une durée existe, mais pas pour nous terrestres. Les choses restent, les vers et les souvenirs de nous, mais pas nous.

« Tout change sur la terre et dans le firmament »[293]. Le temps passe « [d]ans sa course rapide »[294] et nous mène après notre « séjour de la vie »[295] à un « voyage éternel »[296] quelque part que nous ne connaissons pas. Mais que le firmament change, nous ne pouvons pas le savoir. Ici, le

---

[285] Ibid.
[286] R. A. Nablow, *A Study of Voltaire´s lighter verse*, op. cit., p. 176.
[287] Voltaire, « Stances à Madame Lullin, de Genève », 1733, M, VII, 539-540.
[288] Ibid.
[289] Ibid.
[290] Ibid.
[291] Voltaire, « Epître à Monsieur Desmahis », 1750, M, X, 356-357.
[292] Voltaire, « Stances. Les désagréments de la vieillesse », avant 1775, M, X, 541.
[293] Voltaire, « A Monsieur *** » , 1760-1778, M, X, 599-600.
[294] Voltaire, « Chanson composée pour la marquise de Boufflers », 1748, M, X, 543.
[295] Voltaire, « A Monsieur *** » , 1760-1778, M, X, 599-600.
[296] Ibid.

poète se montre contradictoire, car c'est le domaine divin qu'uniquement les immortels connaissent.

Selon Jean Weisgerber, Voltaire est dans sa vision de l'inconstance typiquement rococo:

> « Le thème a hanté l'âge baroque : tout s'écoule, rien n´est stable, le néant nous guette ; Pascal l'a bien vu. Mais Voltaire, dans un esprit typiquement rococo, n´éprouve aucun vertige devant cette insignifiance. Il refuse à l'homme « l'extrême petitesse » au même titre que « l'immensité ».[297]

On pourrait formuler une autre thèse : celle d'un Voltaire qui en ce qui concerne son idée de l'inconstance n´est pas à situer dans le rococo. Car il dit qu'on ne vainc la mort et le temps[298] que par le souvenir. Le temps nous attrape, même les personnes « sans regret »[299] qui ne craignent rien[300]. « Dieu fait [...] moins de cérémonie »[301] vis-à-vis notre « voyage éternel »[302].

En se souvenant de sa belle jeunesse, d'une « saison de[...] beaux jours »[303] où l'on cueille les fleurs[304], Voltaire montre une perte de qualité de l'homme âgé. Quand on est vieux, est l'on l'est à cause de l'inconstance du temps, on s'affaiblit[305], on jouit peu, on est « faible et suranné[...] »[306], la « lyre n´obéit plus à [s]es doigts »[307], la voix expire. Voltaire en est conscient et il en pale de manière pessimiste, il semble être triste.

---

297 J. Weisgerber, op. cit., p. 119.
298 Voltaire, « Epître aux mânes de Monsieur de Génonville », 1728, M, X, 265-266.
299 Voltaire, « Chanson composée pour la marquise de Boufflers », 1748, M, X, 543.
300 Ibid.
301 Voltaire, « A. Monsieur *** », 1760-1778, M, X, 599-600.
302 Ibid.
303 Voltaire, « Stances à Madame Lullin, de Genève », 1733, M, VII, 539-540.
304 Cf. Voltaire, « Epître à Monsieur Desmahis », 1750, M, X, 356-357.
305 Ibid.
306 Voltaire, « Stances à Madame Lullin, de Genève », 1733, M, VII, 539-540.
307 Ibid.

« L'extrême petitesse » de l'homme que nie Weisgerber, c'est son rôle inconstant dans le monde, son rôle passager. Il ne « va qu'à tâtons sur la machine ronde »[308] ; « l'immensité » est une valeur divine, de la sagesse éternelle[309]. C'est seulement Dieu qui la connaît.[310]

Ainsi que le monde se tourne[311], nous aussi, nous sommes destinés à finir où nous avons commencé. Notre vie est définie par une vision cyclique. Et après cela, « Dieu [...] sait »[312] si notre vision deviendra linéaire.

---

[308] Voltaire, « A Madame du Deffand », 1764, *Nouveaux mélanges philosophiques, historiques, critiques, etc. etc.*, op. cit., p. 349.
[309] Cf. Voltaire, « Le pour et le contre », 1722, M, IX, 358-362.
[310] Cf. Voltaire, « Stances à Madame Lullin, de Genève », 1733, M, VII, 539-540.
[311] Cf. la « machine ronde », Voltaire, « A Madame du Deffand », 1764, *Nouveaux mélanges philosophiques, historiques, critiques, etc. etc.*, op. cit., p. 349.
[312] Voltaire, « Stances à Madame Lullin, de Genève », 1733, M, VII, 539-540.

7. CONCLUSION

Notre recherche nous amène à une vaste conclusion sur notre sujet.

Nous avons vu que la poésie joue un rôle primordial dans la carrière littéraire de Voltaire. Ayant appris très tôt à versifier, Voltaire devient un des plus grands et célèbres poètes de son temps. Il défend toute sa vie durant l'importance de la poésie en vers. Car une fois la « difficulté vaincue » qu'implique la versification, celle-ci aide le poète à produire de meilleures idées grâces aux contraintes formelles.

Nous avons analysé quelques poèmes fugitifs, mais aussi des vers plus « sérieux », chaque catégorie méritant une étude approfondie.

De même, nous avons montré l'influence du rococo et les éléments de cette époque que l'on retrouve chez le poète Voltaire, tout en soulignant ceux qu'on n'y trouve pas.

Pour l'auteur des pièces théâtrales, la poésie est considérée comme supérieure à la prose à cause de la rime, du rythme, de la cadence, de la mélodie et de la hardiesse des figures. Contrairement aux contraintes qu'imposent les règles formelles, le contenu est de vaste ampleur : il s'étend aux domaines didactiques, philosophiques jusqu'au simple plaisir, aux vers de circonstance.

On est donc incité à conclure que le siècle des Lumières a connu entre autres un grand versificateur dont les thèmes des vers toujours actuels peuvent intéresser le public du XVIIIème siècle comme celui de nos jours.

Dans la seconde partie du chapitre introductif, on a exposé les linéaments de la vie amoureuse de Voltaire. Il était, certes, impossible, dans le cadre restreint de ce travail, de mentionner toutes les femmes pour lesquelles le poète a versifié. On s'est contenté de ne parler que des liaisons les plus importantes pour cette recherche.

En deuxième lieu, on a dégagé l'idéal féminin de Voltaire. On a vu que la femme aristocrate s'émacipe peu à peu dans le domaine littéraire – tout pour le plus grand plaisir de notre philosophe-poète qui s'engage dans ses écrits pour l'égalité entre hommes et femmes, et pas seulement en ce qui concerne leur pouvoir créatif en littérature.

Les trois éléments que le poète Voltaire révendique chez la femme idéale sont la performance intellectuelle, la bonté du cœur et la beauté. Ayant classifié cette hiérarchie, on a vu que l'attribut féminin primordial est celui de l'esprit. Le poète-philosophe demande une partenaire ayant au moins sa grandeur d'esprit – et il n´est pas gêné si la femme le dépasse en cela.

Sa vision un peu abstraite, c'est-à-dire généralisée, de la femme idéale intelligente et savante, bonne et belle, ne change pas avec l'âge, il la garde toute sa vie.

Une analyse des vers personnels de Voltaire a donné un résultat inattendu : en dégageant le rôle de l'amitié et de l'amour dans la vie littéraire du poète, on s'est aperçu que c'est le temps qui détermine la primauté de l'amitié sur l'amour. Pour souligner cette thématique, on a exposé la peinture de van Dyck tout au début de ce travail, composé au siècle précedant le dix-huitième. Le *topos* de l'amour rendu impossible par le temps, souvent personnifié, se retrouve également dans les vers voltairiens. Déçu très tôt de l'amour, le poète recourt à l'amitié, en lui attribuant un rôle consolateur. Celle-ci, au moins, n´est pas forcément destinée à finir avec le temps et rend à long terme plus heureux qu'un amour-Eros plus intense, mais plus dangereux.

L'amitié conçue comme un amour-Philia est de plus en plus un compromis à partir d'un certain âge où les illusions de la passion sont remplacées par une estime de la stabilité, de la sagesse et de la tempérance qu'impose l'amitié.

L'avant-dernier sujet de cette recherche est celui de l'opposition des deux principaux âges de la vie, la jeunesse et la vieillesse. Voltaire se sert du motif virgilien du temps qui s'enfuit en vitesse pour souligner la beauté de la jeunesse. Influencé par le rococo qui conçoit une personne ayant dépassé l'âge de trente ans comme vieille, Voltaire déplore les plaisirs de la jeunesse, qu'il ne peut plus goûter. *Tempus fugit* – les moments plaisants s'enfuient, et avec leur fuite la « vraie » vie est terminée.

Voltaire explique en nihiliste la condition humaine : dans sa vision pessimiste, notre existence est sans raison, sans but, sans espoir. Nous sommes déterminés par le néant, et la vieillesse ne fait que nous rappeler le rapprochement de la mort, du néant.

La qualité de vie diminue avec l'âge et on ne peut qu'accepter stoïquement cette décadence progressive de l'être humain.

Enfin, on a évoqué la conception de la temporalité dans les vers de Voltaire.

On a vu qu'il est souvent question de trois grands thèmes : du moment, de l'éternité et de l'inconstance.

Le *carpe diem* horatien réflète la vision du poète. Le temps fugitif est évoqué par les moments du présent, du passé et parfois de l'avenir. Bien que le poète ne construise aucun système concret de la temporalité, comme d'ailleurs il n´en construit pas d'autres, on constate implicitement la conscience de l'importance du présent, du *hic et nunc*. Puisque le temps passe aussi vite, il faut vivre très intensément le présent, avant qu'il ne devienne notre passé. Ce « présentisme », cette vision sensualiste du *carpe momentum* est un *leitmotiv* dans la poésie voltairienne. L'enchaînement de plusieurs moments, liés à des sentiments, donne l'éternité. Le continuel progrès représente la vision linéaire du monde au XVIIIème siècle. Mais en prenant un moment comme représentant d'une partie de l'éternité, le poète nous montre une idée cyclique dans une interprétation linéaire du monde. L'éternité étant le domaine des dieux ou de Dieu, n´est pas sujet des vers voltairiens. Le poète, en mortel, s'occupe de son domaine : du « séjour de la vie ». Il ne nie pas l'existence de l'éternité, mais il croit, étant déiste, qu'un mortel est incapable de la concevoir. Il ne croit donc pas en une immortalité humaine, ne sachant pas ce qui nous attendra après la mort. Mais, selon lui, il n´est pas exclus qu'après celle-ci nous appartenions au domaine des immortels.

L'idée de l'inconstance, un sujet principal du rococo, n´est pas conçue par Voltaire de la même manière. Si, pour les poètes rococos, elle est un sujet léger, compris comme un événement naturel, Voltaire est plutôt triste de son existence passagère. En ce qui concerne alors l'interprétation de l'inconstance, Voltaire n´est pas à situer dans le courant rococo. Il est plutôt conscient, à chaque instant de la vie, que la mort s'approche et que le temps guette tout le monde. Il regrette l'inconstance du temps, car elle est la cause de la perte de la jeunesse, et, par conséquent, de la perte du bonheur.

A travers la poésie personnelle de Voltaire, nous nous approchons davantage du poète et de sa vie sentimentale. Une analyse des poèmes permet de s'approcher un peu plus de son intérieur qu'à travers les écrits en prose, elle révèle davantage l'intimité du poète. Le philosophe rationaliste qu'est Voltaire apparaît dans une toute autre lumière : dans celle du sensualisme. Ce n´est pas uniquement la raison qui est la base de son être qui l'a rendu célèbre, mais aussi, en grande partie, sa vision sensualiste du monde.

Il serait à analyser les vers que l'on trouve dans la correspondance de Voltaire, pas seulement dans celle destinée aux femmes. On pourrait élargir cette recherche en dégageant une sorte d'image que le poète nous donne de lui-même à travers ses vers, vis-à-vis de ses idées sur l'amour et l'amitié, sur l'âge, le temps, mais aussi sur la liberté, la tolérance...

8. BIBLIOGRAPHIE

8.1. Editions

Œuvres complètes, éd. par Louis MOLAND, Paris, Garnier, 1877-1885, 52 vol.

Œuvres complètes de Voltaire / Complete works of Voltaire, éds. Ulla Kölving et al, Genève, Banbury, Oxford, Voltaire Foundation, 1968-, éd. en cours

Voltaire électronique, Oxford / Cambridge / Paris, Voltaire Foundation, Chadwyck-Healey, Bibliopolis, 1998

BESTERMAN, Theodore (éd.) (traduction, adaptation, additions et corrections par Frédéric Deloffre), *Correspondance*, Paris, Gallimard, « Bibliothèque de la Pléiade », 1977-1993

BESTERMAN, Théodore (publ.), *Lettres de Voltaire à sa nièce*, Paris, Librairie Plon, 1957

LIZE, E., *Voltaire, Grimm et la Correspondance littéraire, SVEC 180* (1979)

8.2. Œuvres de Voltaire

Voltaire, *Dictionnaire de la pensée de Voltaire par lui-même*, textes choisis et édition établie par André Versaille, Bruxelles, Editions Complexe, 1994

Voltaire, *Dictionnaire philosophique*, éd. critique s.l.d. de Christiane Mervaud, Oxford, Voltaire Foundation, 1994, 2 volumes

8.3. Etudes générales sur le XVIIIème siècle

8.3.1. Dictionnares, manuels et précis

DELON, Michel / MALANDAIN Pierre, *Littérature française du XVIIIe siècle*, Paris, Presses Universitaires de France, 1996

GRENTE Georges (dir.), *Dictionnaire des Lettres Françaises. Le XVIIIe* siècle, éd. revue et mise à jour par François Moureau, Paris, Fayard, 1960

DELON Michel (dir.), *Dictionnaire européen des Lumières*, Paris, Presses Universitaires, 1997

DIDIER, Béatrice, *Le siècle des Lumières*, Paris, MA Editions, 1987

MAUZI, Robert / MENANT, Sylvain, *Le XVIIIe siècle*, II (1750-1778), Paris, Arthaud, « Littérature Française », 1977

RITTER, Joachim / GRÜNDER, Karlfried (dir.), *Historisches Wörterbuch der Philosophie*, Darmstadt, Wissenschaftliche Buchgesellschaft, 1980

8. 3.2 La poésie au XVIIIème siècle

BRADY, Patrick, « French Rococo Poetry », in *Studi Francesi 23*, 1979, pp. 225-237

FINCH, Robert, *The sixth sense. Individualism in French Poetry, 1686-1760*, Toronto, University of Toronto Press, 1966

GUITTON, Edouard, « Le jeu au XVIIIe siècle », in *Le jeu au XVIIIe siècle*, éd. par C.Y. Chaudoreille, Aix-en-Provence, EDISUD, 1976, pp. 215-230

HATZFELD, Helmut, « L'esprit rococo dans la poésie du dix-huitième siècle », in *Mélanges à la mémoire de Franco Simone*, II, s.l.d. de Lionello Sozzi et Louis Terreaux, Genève, Slatkine, 1981, pp. 395-407

MASSON, Nicole, *La poésie fugitive au XVIIIème siècle*, Paris, Champion, 2002

MASSON, Nicole, *Les petits poèmes de jeunesse de Voltaire, 1711-1733. Etude littéraire et édition critique*, thèse universitaire, Université de Paris IV (Sorbonne), 1987

SETH, Catriona, « La poésie de salon ou l'impossible œuvre complète », in *Vies des salons et activités littéraires, de Marguerite de Valois à Mme de Staël.* Actes du colloque international de Nancy (6-8 octobre 1999), recueillis et publiés par Roger Marchal, Nancy, Presses Universitaires de Nancy, 2001, pp. 293-301

8.4. Etudes sur Voltaire

8.4.1. Dictionnaires

Dictionnaire Général de Voltaire, publ. s.l.d. de Raymond Trousson et Jeroom Vercruysse, Paris, Champion, 2003

Dictionnaire Voltaire, s.l.d. de Raymond Trousson, Jeroom Vercruysse et Jacques Lemaire, Bruxelles / Paris, Hachette, 1994

Inventaire Voltaire, s.l.d. de Jean Goulemot, André Magnan et Didier Masseau, Paris, Gallimard, 1995

8.4.2. Ouvrages et articles imprimés

ADAMS, David James, *La femme dans les contes et les romans de Voltaire*, Paris, Nizet, 1974

BELLUGOU, Henri, *Voltaire, amoureux de Madame Bentick*, Angers, H. SIRAUDEAU et Cie, 1963

BOUCHER, Gwenaëlle, « Les contretemps poétiques de Voltaire », in *Studi Francesi 46*, janvier-avril 2002, pp. 109-120

BOUCHER, Gwenaëlle, « Voltaire l'antipoète ? », in *SVEC*, éd. s.l.d. d'Anthony Strugnell, Oxford, Voltaire Foundation, 2003:01

CRAVERI, Benedetta, *Madame du Deffand et son monde*, Paris, éd. du Seuil, 1987

HANICKA-ZULAWSKA, Casimire de, *Les femmes dans le théâtre de Voltaire*, thèse universitaire de Berne, Berne, Imprimerie Scheitlin & Co., 1911

HAROCHE-BOUZINAC, Geneviève, *Voltaire dans ses lettres de jeunesse, 1711-1733. La formation d´un épistolier au XVIIIème siècle*, Paris, Klincksieck, 1992

HAROCHE-BOUZINAC, Geneviève, « Voltaire à Cirey, poète et philosophe, d´après sa correspondance, 1735-1738 », in *Cirey dans la vie intellectuelle. La réception de Newton en France*, éd. s.l.d. d´Anthony Strugnell, Oxford, Voltaire Foundation, 2001, pp. 16-25

JANKELEVITCH, Vladimir, *L´Irréversible et la Nostalgie*, Paris, Flammarion, 1974, « Nouvelle bibliothèque scientifique » dirigée par Fernand Braudel

MAGNAN, André, « Le Voltaire inconnu de Jean-Louis Wagnière », in *Infini 25*, printemps 1989, pp. 61-106

MAT-HASQUIN, Michèle, Voltaire et l´antiquité grecque, Oxford, Voltaire Foundation, 1981

MENANT, Sylvain, *La chute d´Icare. La Crise de la Poésie française, 1700-1750*, Genève / Paris, Droz, 1981

MENANT, Sylvain, *L´esthétique de Voltaire*, Paris, Sédes, 1995

MENISSIER, Patricia, *Les amies de Voltaire dans la correspondance, 1749-1778*, thèse universitaire, Université de Nancy II, 2004

MERCIER, Gilbert, *Madame Voltaire*, Paris, Fallois, 2001

MICHA, Hugues, *Voltaire d´après sa correspondance avec Madame Denis*, Paris, A. G. Nizet, 1972

MURAT, Inès, *Madame du Deffand, 1696-1780. La lettre et l´esprit*, Saint-Amand-Montrond, Perrin, 2003

NABLOW, Ralph Arthur, « A Study of Voltaire´s lighter verse », in *SVEC CXXVI*, éd. par Theodore Besterman, Oxford, Voltaire Foundation, 1974

NABLOW, Ralph Arthur, « Some reflections on Voltaire´s poetic imagery», in *Romanic Review LXXIV.1*, éd. par Michael Riffaterre, New York, Columbia University, janvier 1983, pp. 16-33

NAVES, Raymond, *Le goût de Voltaire*, Genève, Slatkine, 1967

POMEAU, René (éd.), *Voltaire en son temps*, Oxford, Voltaire Foundation, Paris, Touzot, 1985-1994, 5 volumes, I : *D´Arouet à Voltaire*, 1694-1734, II : *Avec Mme Du Châtelet*, 1734-1749

TROUSSON, Raymond, « Poète et poésie selon Voltaire », in *Die Neueren Sprachen 12*, 1963, pp. 543-554

VAILLOT, René, *Madame du Châtelet*, Paris, Albin Michel, 1978

WEISGERBER, Jean, « Voltaire et la poésie rococo », in *Europe 781*, mai 1994, pp. 115-133

8.5. Œuvres d´autres auteurs

DIDEROT, Denis, *Le Neuveu de Rameau*, éd. établie, présentée et annotée par Pierre Chartier, Paris, Librairie Générale Française, 2002

RONSARD, *Les Amours*, Paris, Librairie Générale Française , 1993

SAINT AUGUSTIN, *Les Confessions*, éd. publiée s.l.d. de Lucien Jerphagnon, Lonrai, Gallimard, « Bibliothèque de la Pléiade », 1998

9. LISTE DES ABRÉVIATIONS

Best.	Edition de la *Correspondance* de Théodore Besterman
M	Edition des *Œuvres complètes* de Louis Moland
Œuvres complètes	*Œuvres complètes* de l'édition d'Oxford en cours*
SVEC	*Studies on Voltaire and the eighteenth century*

* Nous désignons cette édition sous la lettre D suivie du numéro de la lettre